Diogenes Cartoon Classics

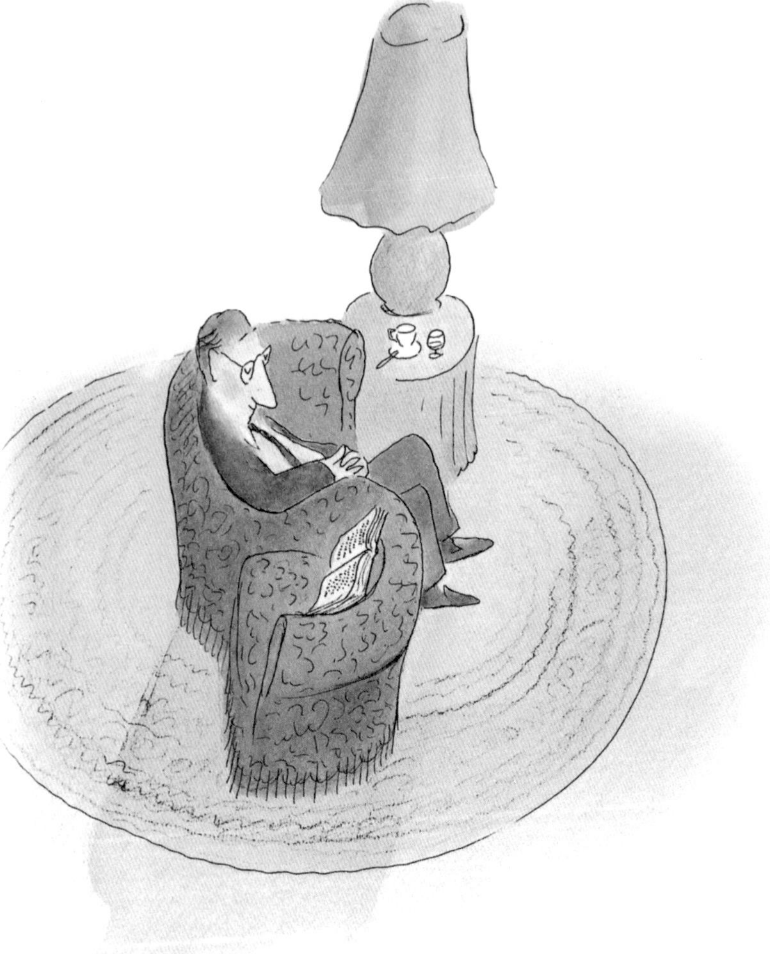

Sempé

Für Bücherfreunde

Diogenes

Ausgewählt von
Daniel Keel und Daniel Kampa
Nachweis am Schluss
des Bandes

Leicht veränderte Neuausgabe 2017

www.diogenes.ch
40/17/4/3
ISBN 978 3 257 02106 6

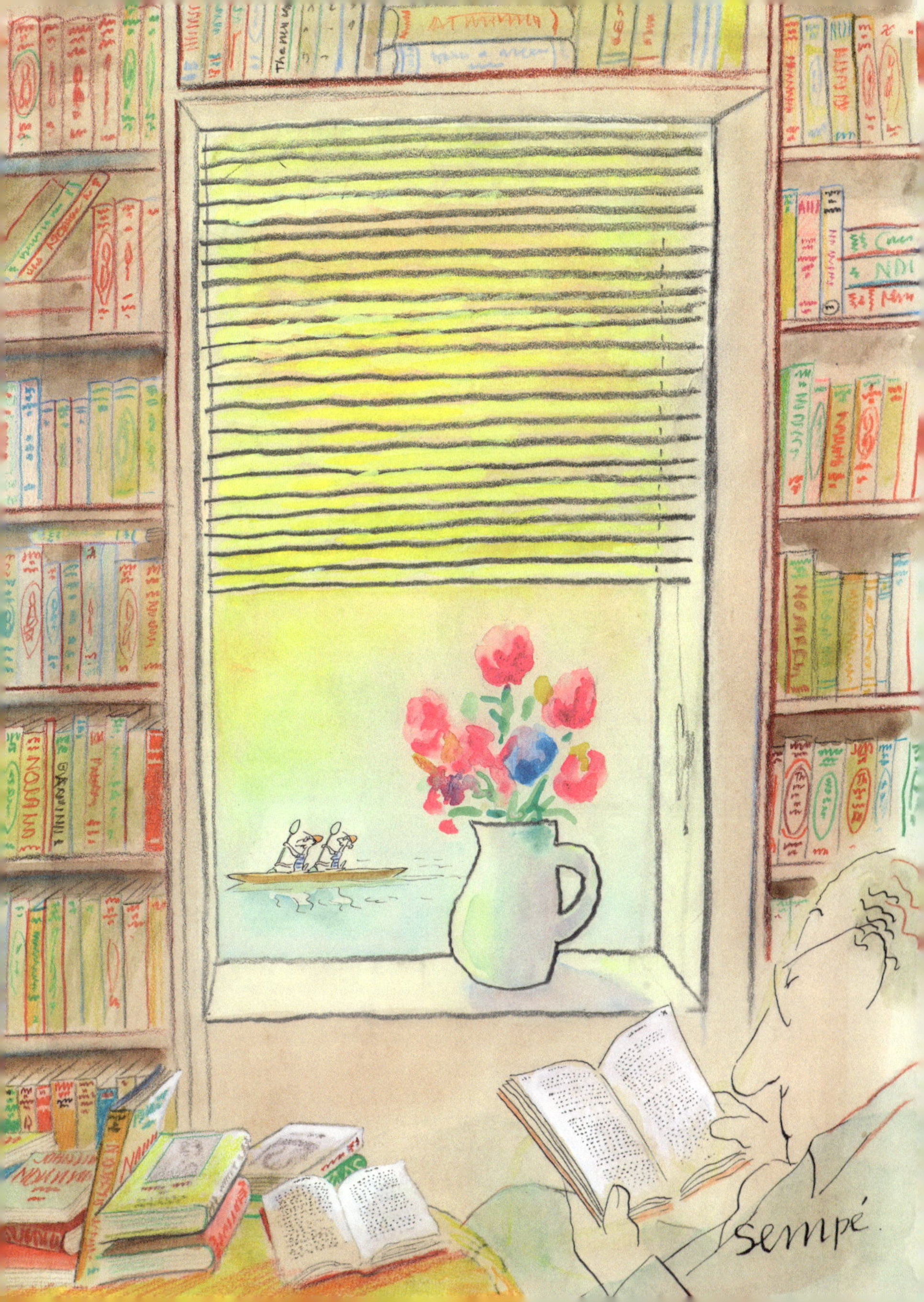
Sempé

Schau mal, die Fliege: Sieht aus, als würde sie sich erfreut die Hände reiben. Muss gut sein, was ich da geschrieben habe!

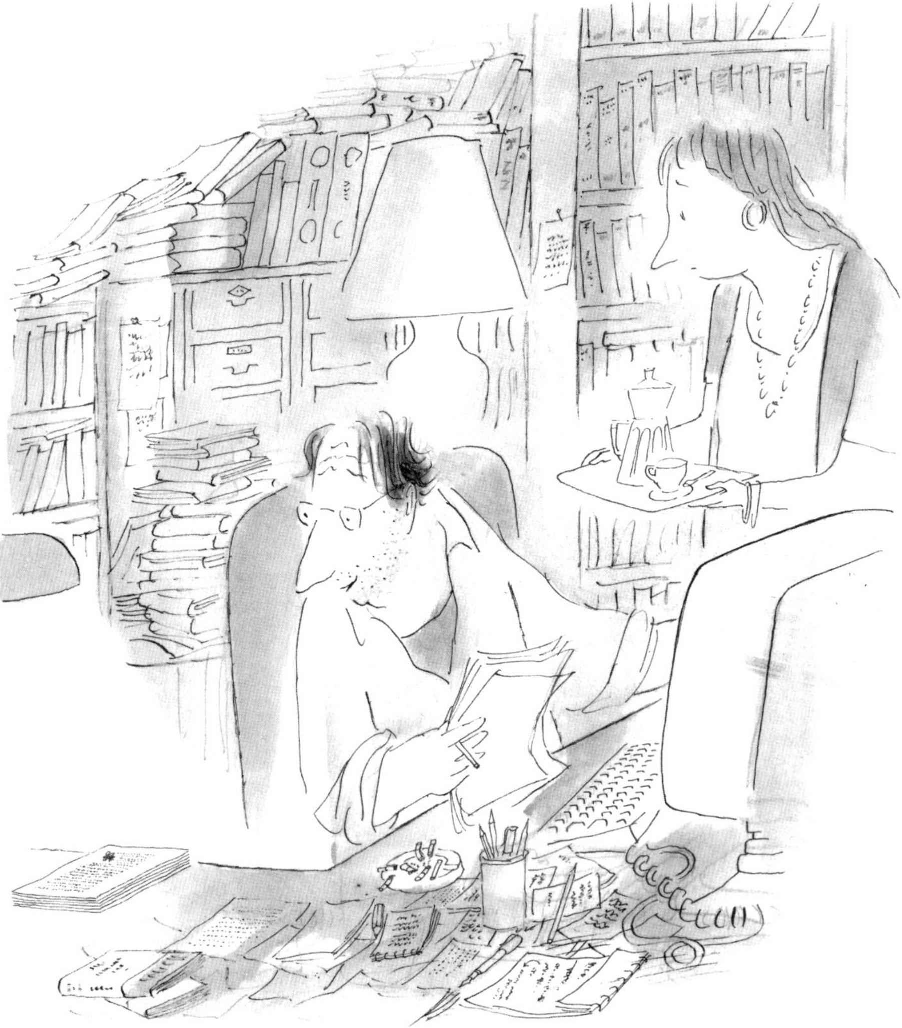

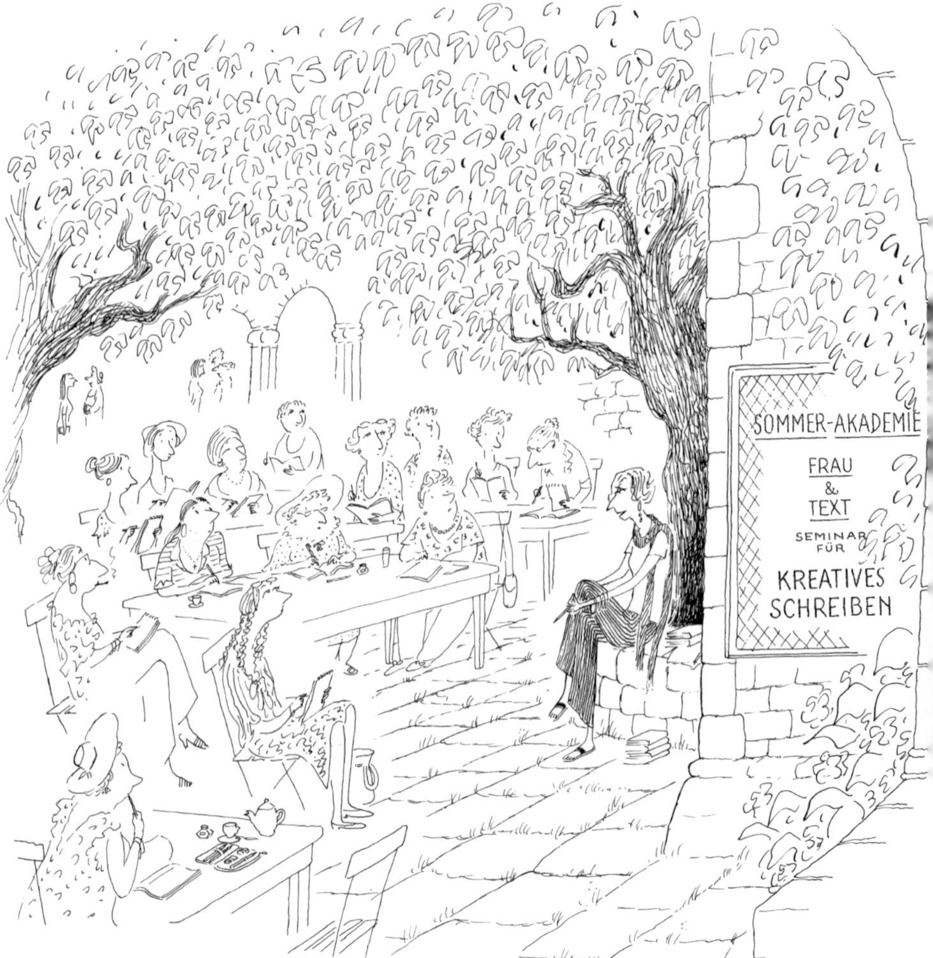
SOMMER-AKADEMIE
FRAU & TEXT
SEMINAR FÜR
KREATIVES SCHREIBEN

Erste Übung: Die klassische Hammelkeule – Doch, doch, meine Damen! – In der Formulierung des Rezepts muss eine gewisse Spannung spürbar werden. Dann, morgen, Übung zwei: Hat er sich diese Hammelkeule gewünscht, oder kam der Vorschlag von Ihnen? Und übermorgen: Eine Analyse Ihrer Motive, ihm die Hammelkeule schließlich vor die Füße zu knallen.

Hab gestern Abend Ihre Gedichte gelesen. Es gäbe eine Menge dazu zu sagen, aber wir reisen morgen in aller Früh ab. Reden wir nächstes Jahr darüber, ja?

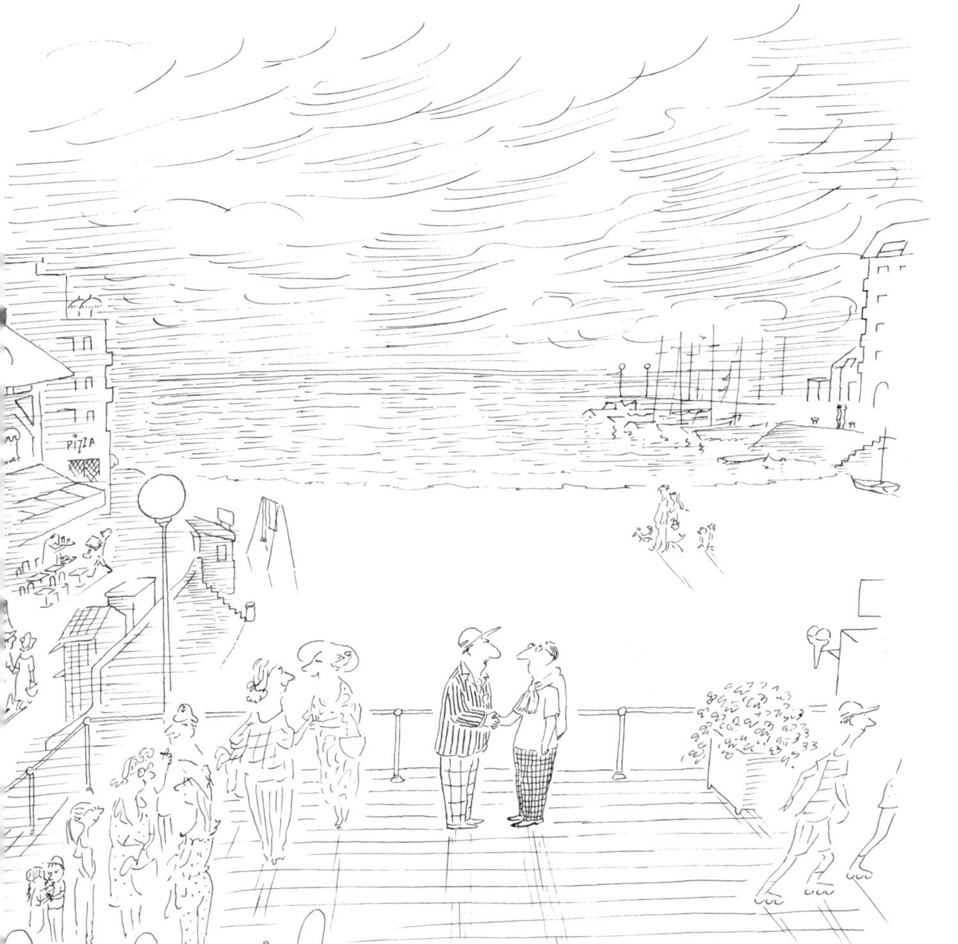
PIZZA

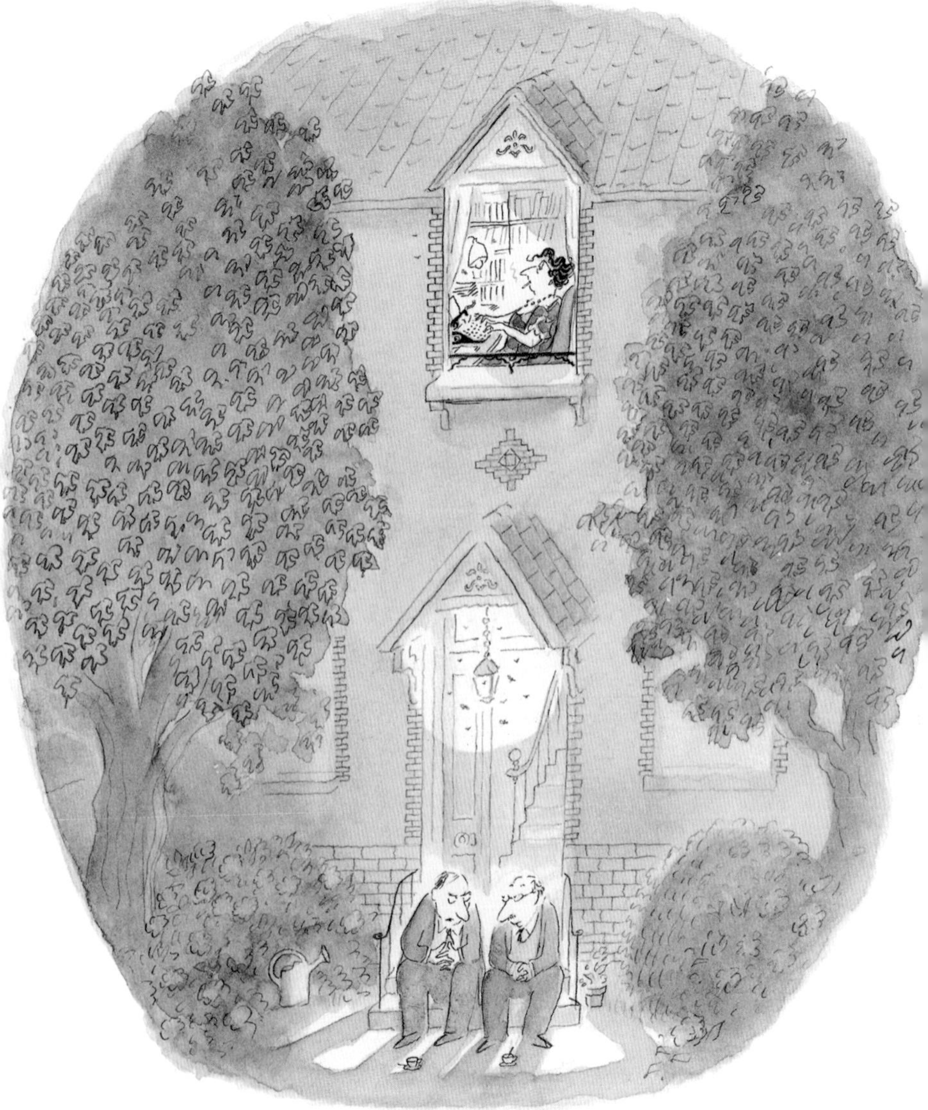

Noch ist es nicht endgültig: Sie schreibt gerade am letzten Kapitel. Aber nach allem, was ich heimlich gelesen habe, hegt sie wohl kaum die Absicht, unserer Liebe ein literarisches Denkmal zu setzen.

Wir wollen versuchen, in die Rue Sébastien-Bottin zum Gallimard-Verlag zu fahren und dieses Manuskript abzuliefern – der furiose Enthüllungsroman über das Scheitern einer Beziehung, die an brutalem Machogehabe zerbricht. Das Buch wird für erheblichen Aufruhr sorgen; darf ich Sie jetzt schon bitten, in allen Talk-Shows zu bezeugen, dass man mich bis zum letzten Moment daran hindern wollte, meine literarische Mission zu erfüllen?

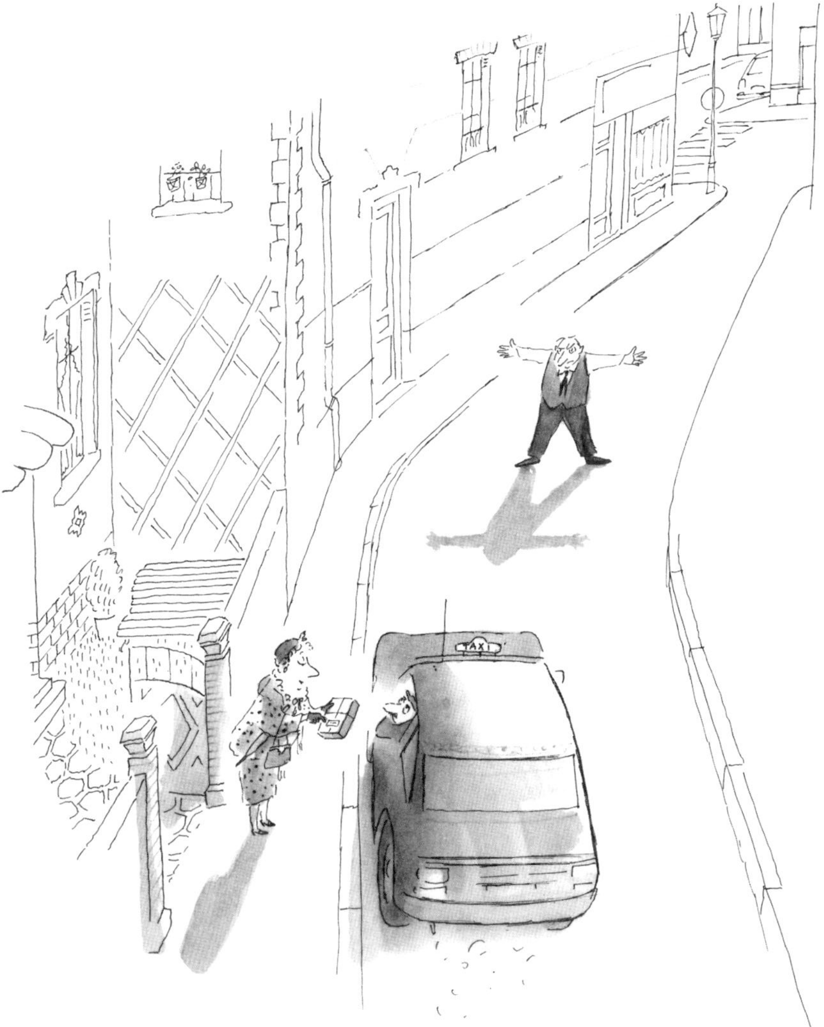
TAXI

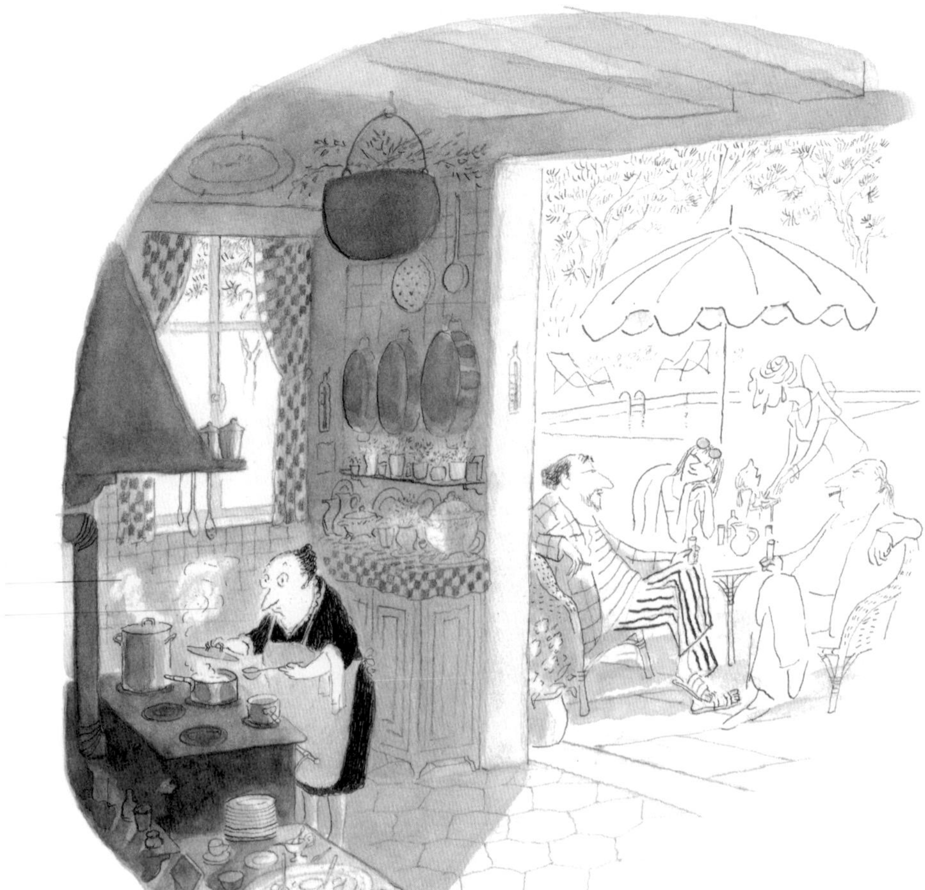

Im Moment schmurgelt bei mir so einiges: ein Chateaubriand – die ultimative Biographie! –, ein Essay über Kernenergie und ein Schlüsselroman.

Liebe Eltern,
danke für die tolle Paris-Reise. Tante Béatrice ist sehr gastfreundlich, wenn auch ziemlich zickig. Ich sitze im Café, vermutlich sogar an dem Tisch, an dem Simone de Beauvoir ihr bahnbrechendes Werk ›Das zweite Geschlecht‹ geschrieben hat. Im Übrigen wollte ich Euch darüber aufklären, dass ich nicht mit dem Zug um 18 Uhr 20 am Donnerstag heimkomme, sondern erst mit dem um 22 Uhr 20 am Freitag. Mein Entschluss ist unwiderruflich.

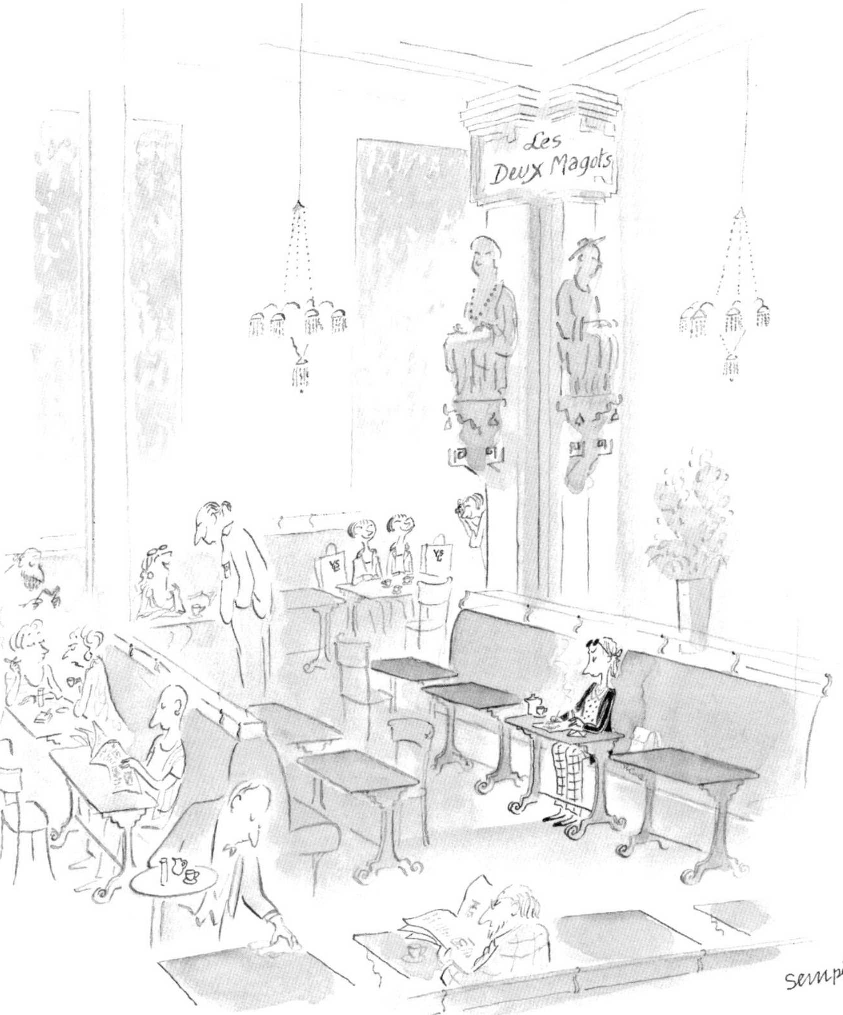
Les Deux Magots
sempé

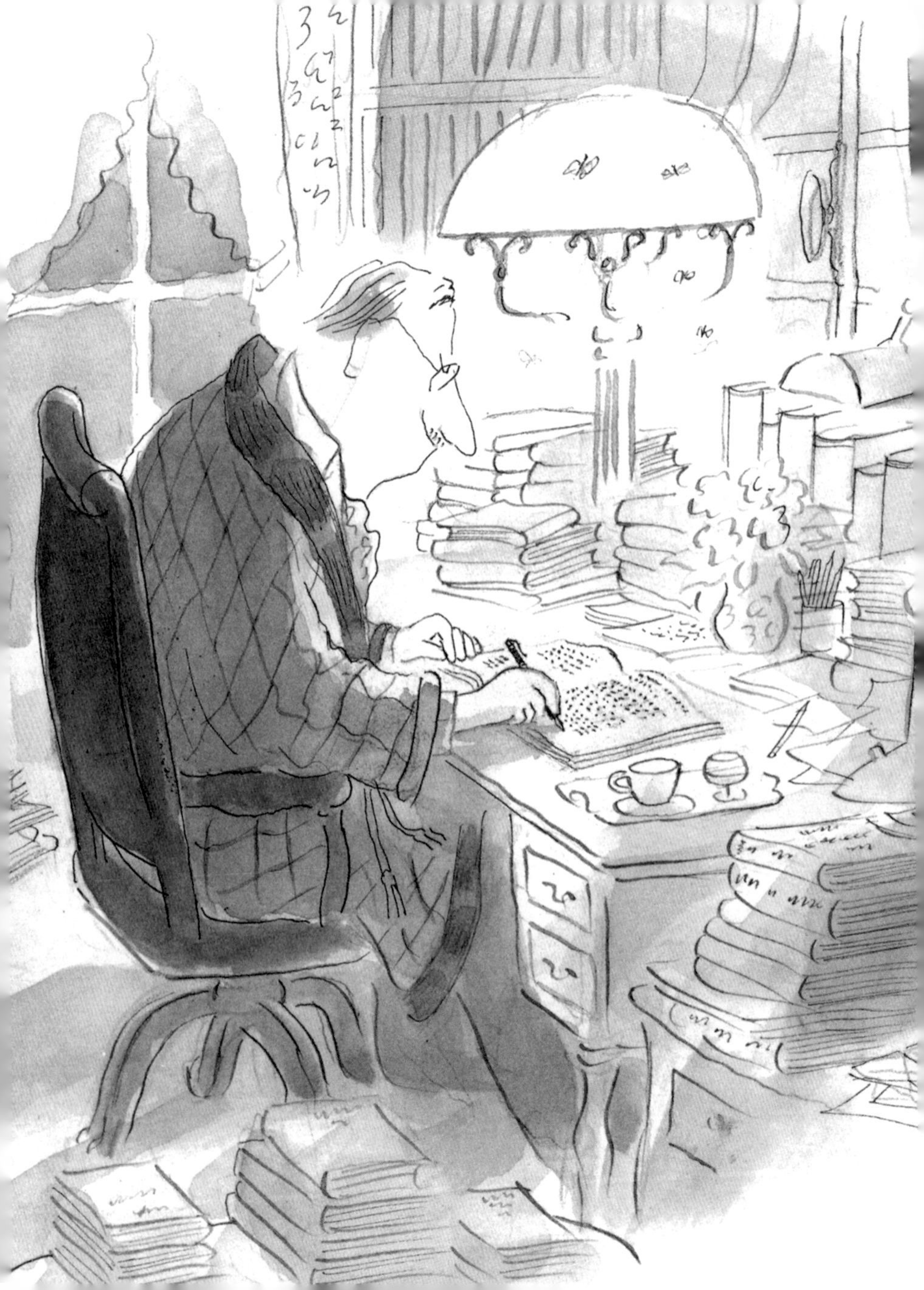

Ich habe den Eindruck, es könnte mir von Nutzen sein, wenn ich auf den abgründigen Pfaden meiner philosophischen und metaphysischen Arbeiten gewisse Rastplätze und geistige Ruhepunkte einrichtete, indem ich regelmäßig auch jene kleinen tröstlichen und anregenden Begebenheiten des Alltags aufnotiere, denen wir nicht immer die entscheidende Bedeutung beimessen, die ihnen gleichwohl zukommt. Diese kurzen Notate werde ich künftig unter einen Titel stellen, der ihnen m. E. durchaus angemessen ist, da er ein schelmisches Augenzwinkern und eine brüderliche Verbundenheit mit dem Schicksal aufs schönste vereint:

KLEINE GLÜCKSMOMENTE

Wohlan denn – beginnen wir:

Heute Morgen ist Martha in ihrem typischen Ungestüm auf sehr heftige und komische Weise mit ihrer rechten Wange gegen die scharfkantige Ecke der offenstehenden Haustüre geknallt.

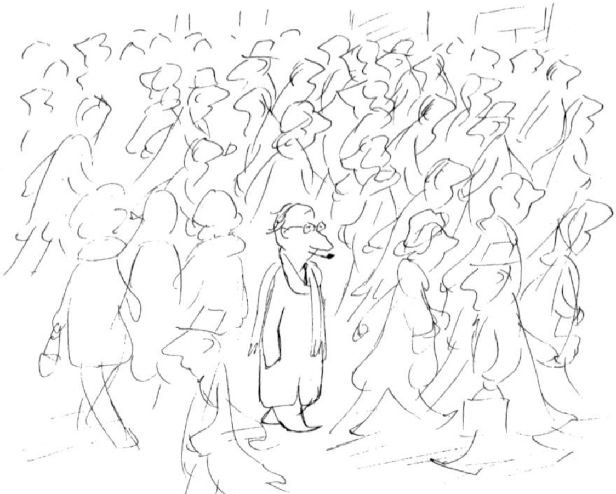

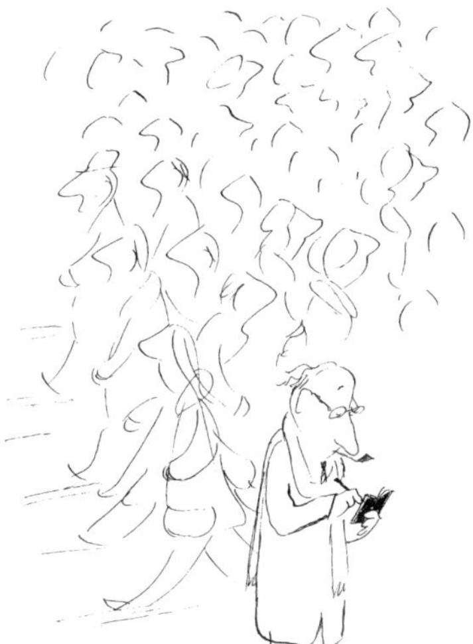

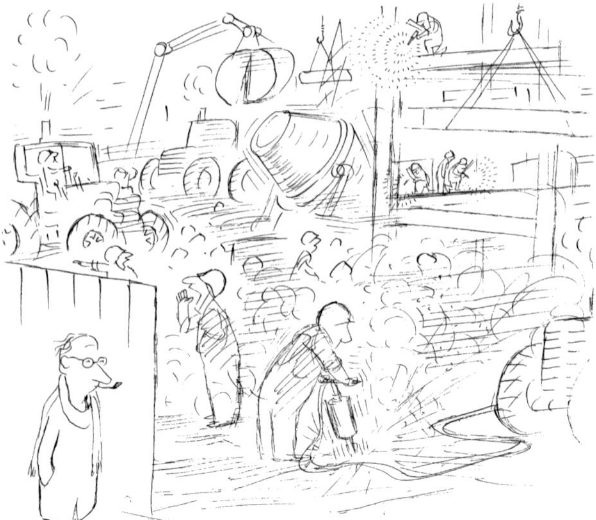

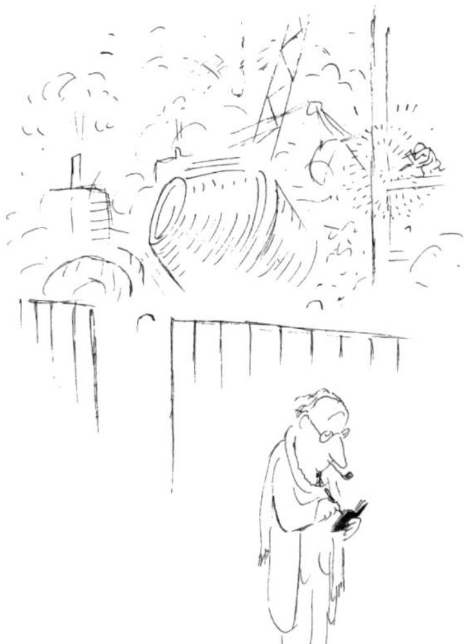

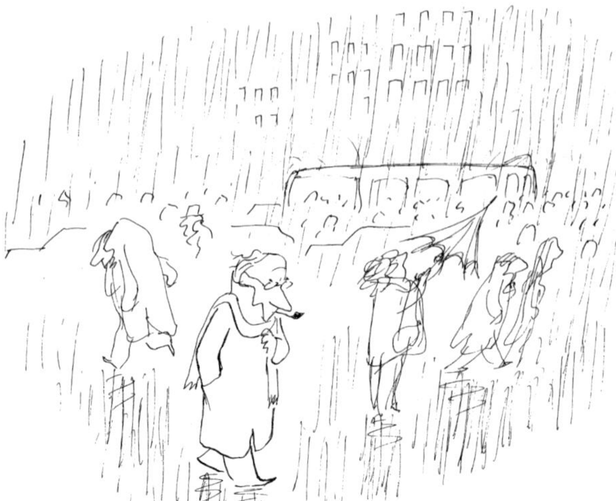

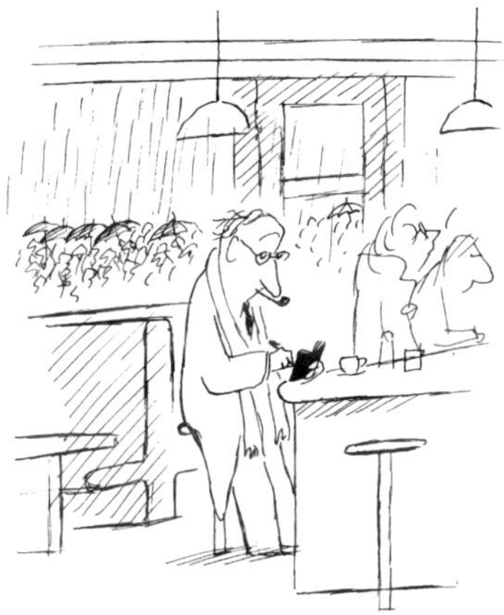

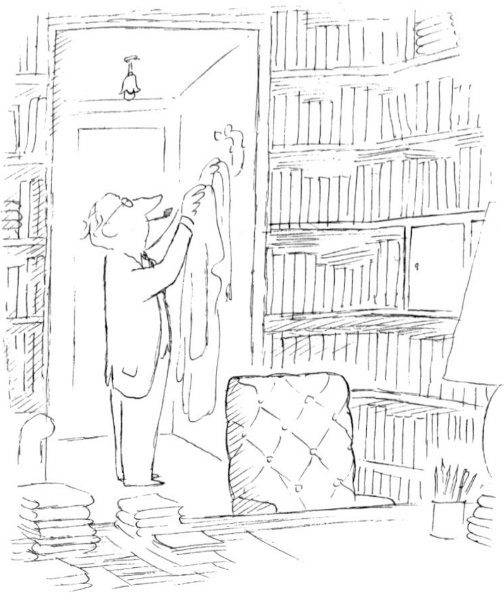

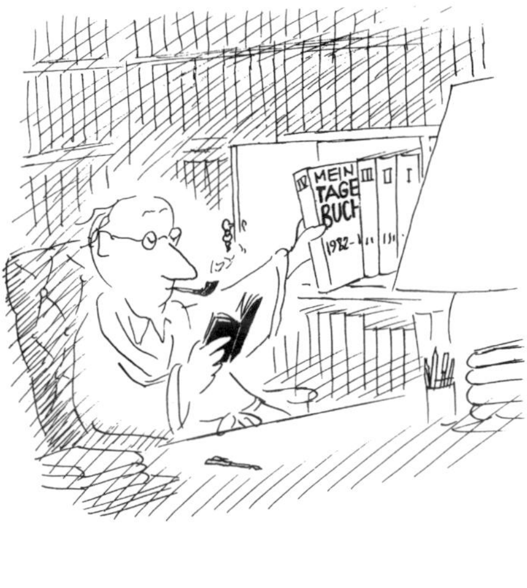
MEIN
TAGE
1982-

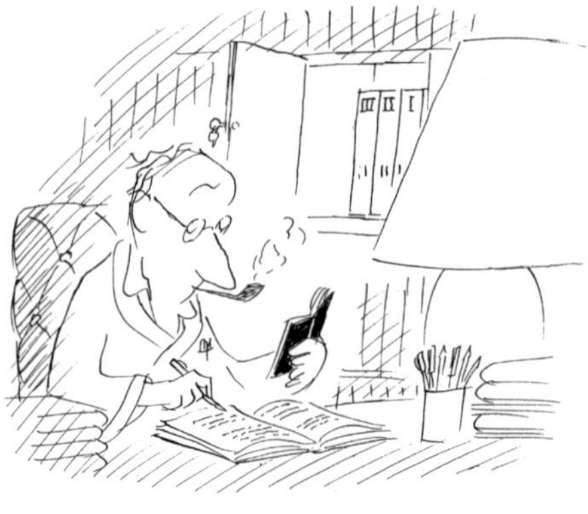

Montag, den 16. September
Menschenmengen. Lärm. Regen.

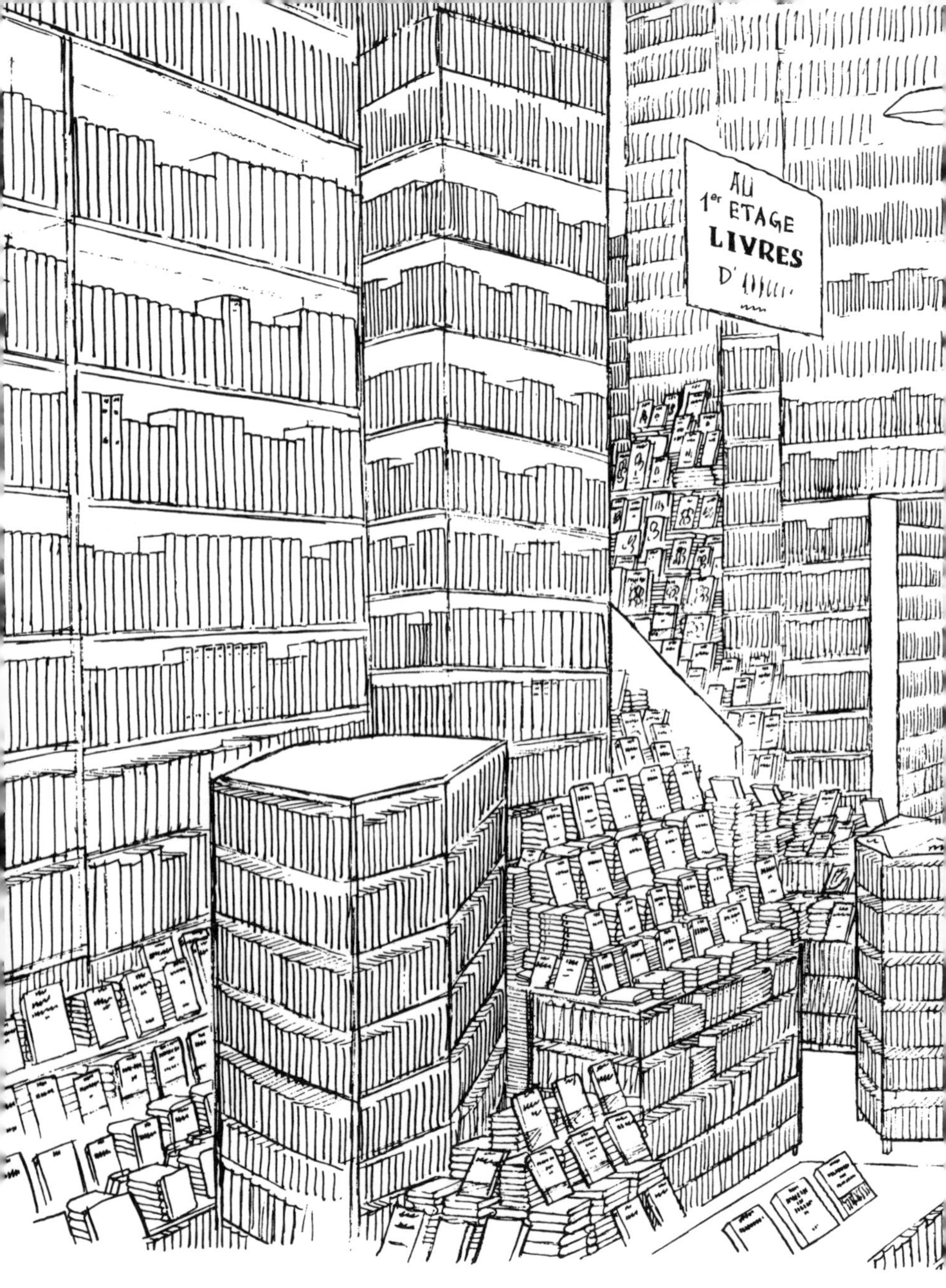
AU
1er ETAGE
LIVRES

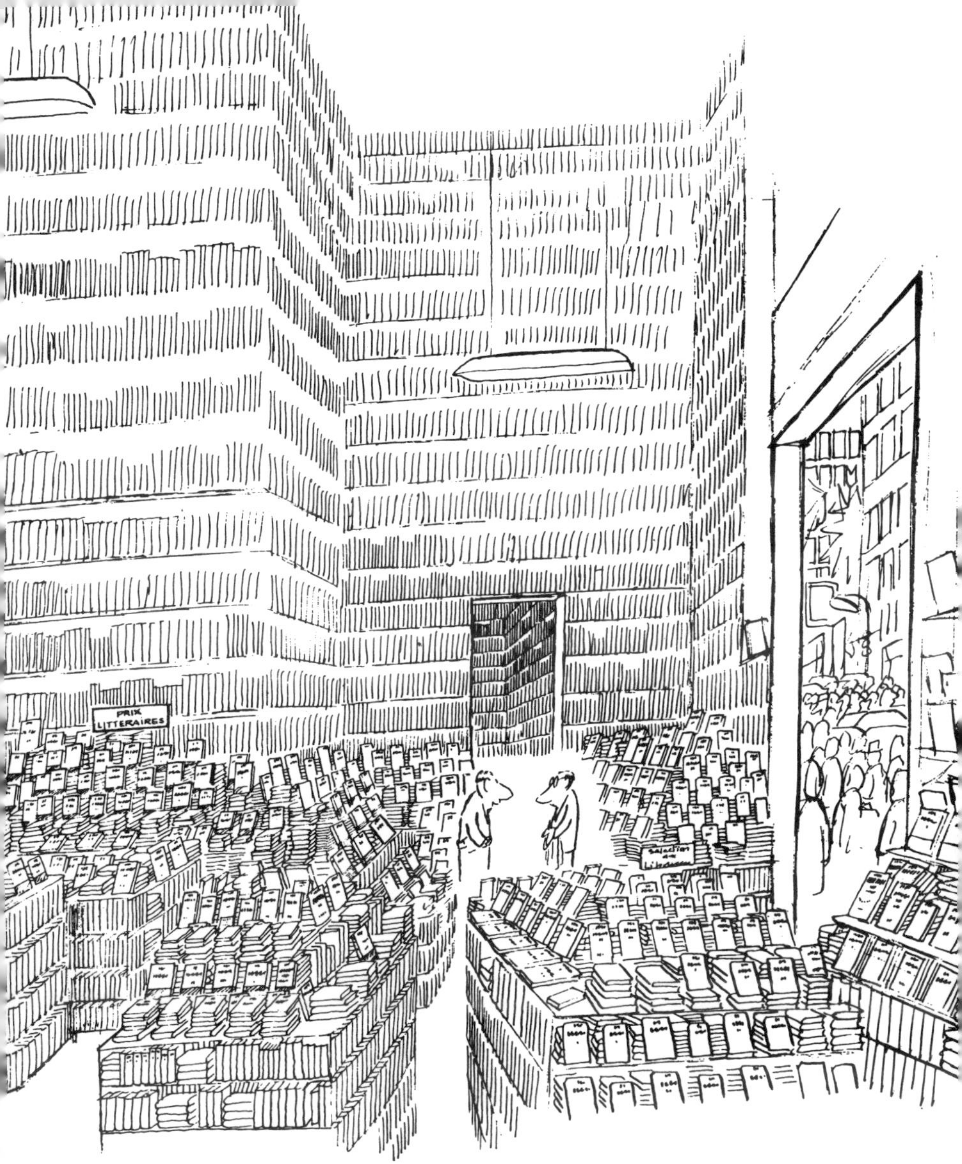

Ich beneide Sie … Wie Sie hätte auch ich gern ein Buch geschrieben …
Allein das Gefühl, aus der Masse hervorzustechen …

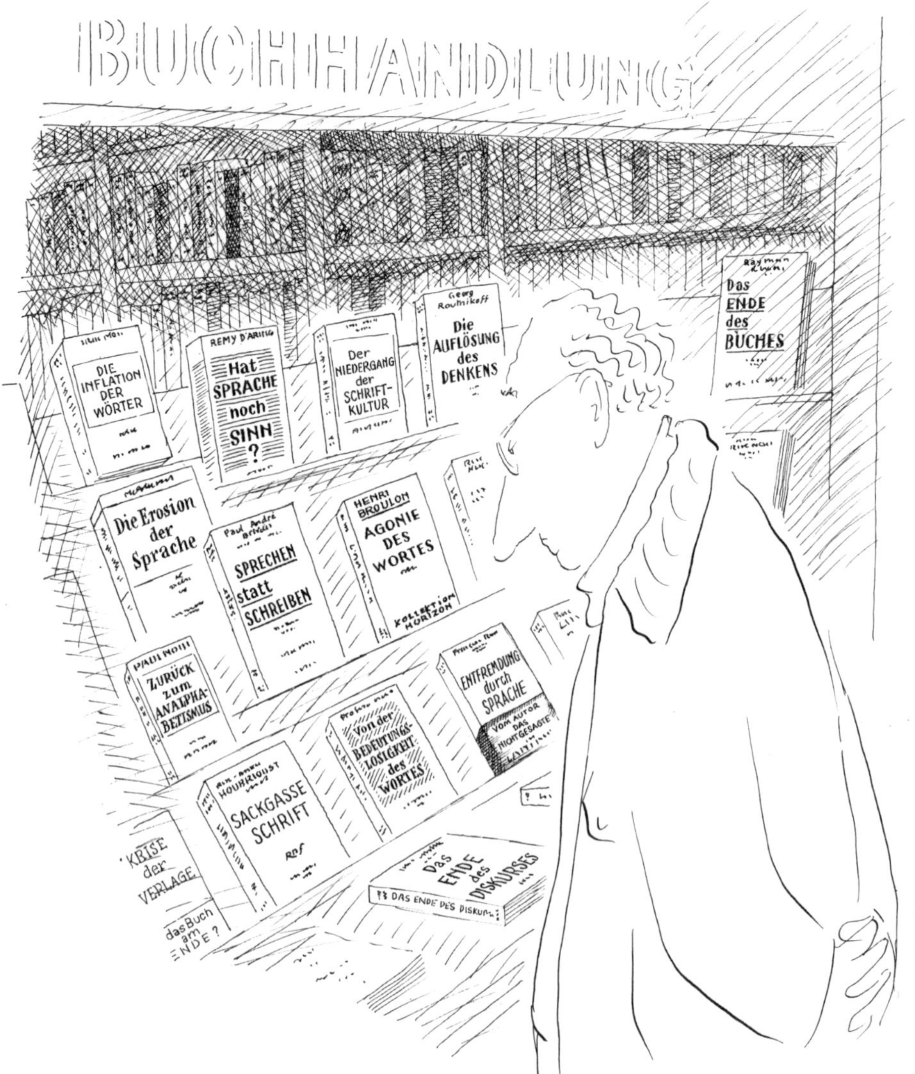
BUCHHANDLUNG
DIE INFLATION DER WÖRTER
REMY D'ARING
Hat SPRACHE noch SINN?
Der NIEDERGANG der SCHRIFT-KULTUR
Georg Routnikoff
Die AUFLÖSUNG des DENKENS
Das ENDE des BUCHES
Die Erosion der Sprache
SPRECHEN statt SCHREIBEN
HENRI BROULON
AGONIE DES WORTES
KOLLEKTION HORIZON
ZURÜCK zum ANALPHABETISMUS
ENTFREMDUNG durch SPRACHE
VOM AUTOR DAS NICHTGESAGTE
Von der BEDEUTUNGSLOSIGKEIT des WORTES
SACKGASSE SCHRIFT
Das ENDE des DISKURSES
KRISE der VERLAGE
das Buch am ENDE?

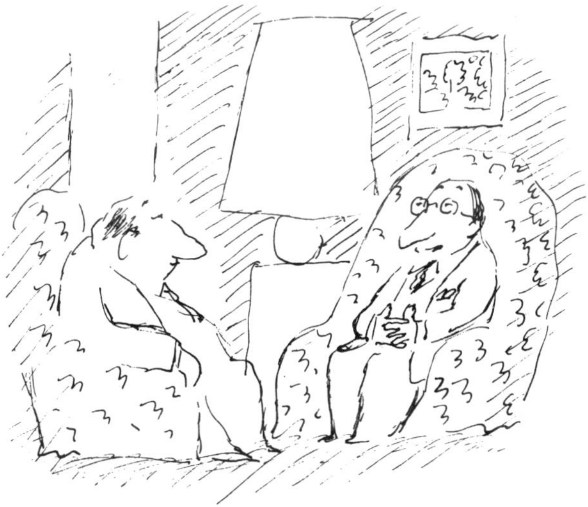

Ich wäre gern normal gewesen
und hätte gern Genie gehabt.

Mitten im zweiten Kapitel merkte ich plötzlich, dass sich meine Figuren verselbständigten und ein Eigenleben zu führen begannen, das sie mir praktisch aufoktroyierten, was so weit ging, dass sie mich gegen Ende hin, ab dem fünften oder sechsten Kapitel, mehr oder weniger massiv bedrängten, ja quasi gezwungen haben, den Verlag zu wechseln.

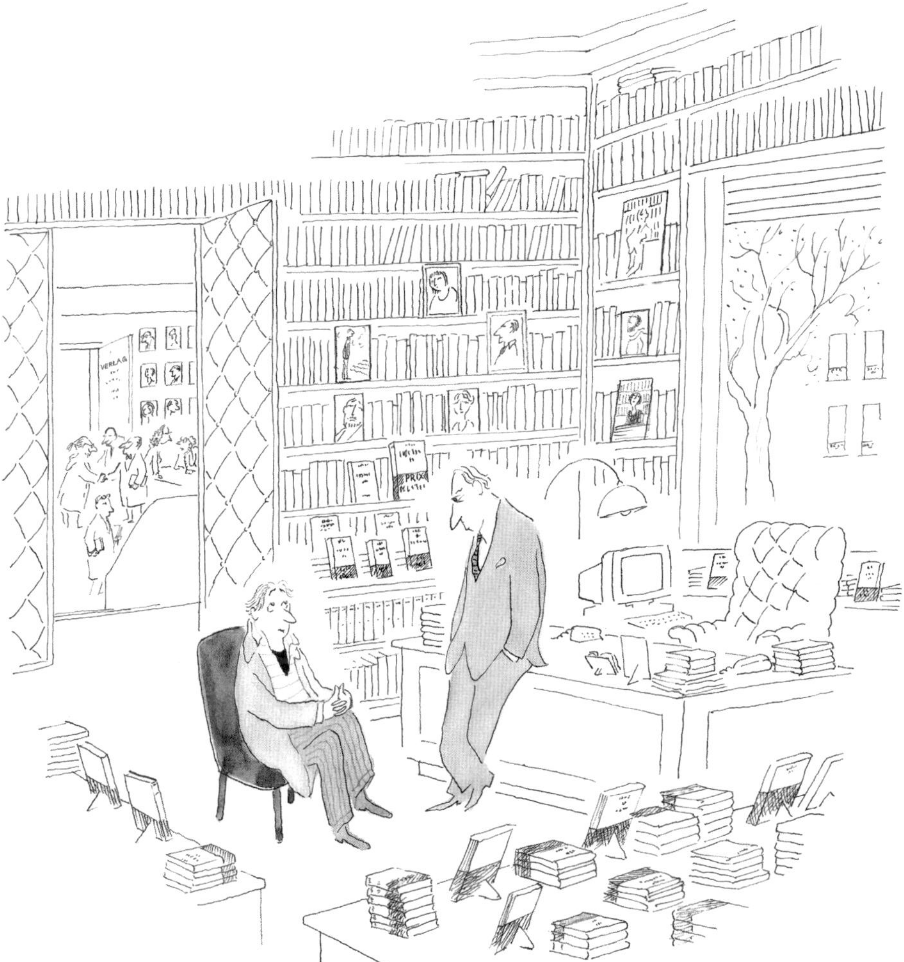
VERLAG
PRIX

Ich würde gern eine lange Klageschrift veröffentlichen – in bis zu 100, 150 000 Exemplaren …

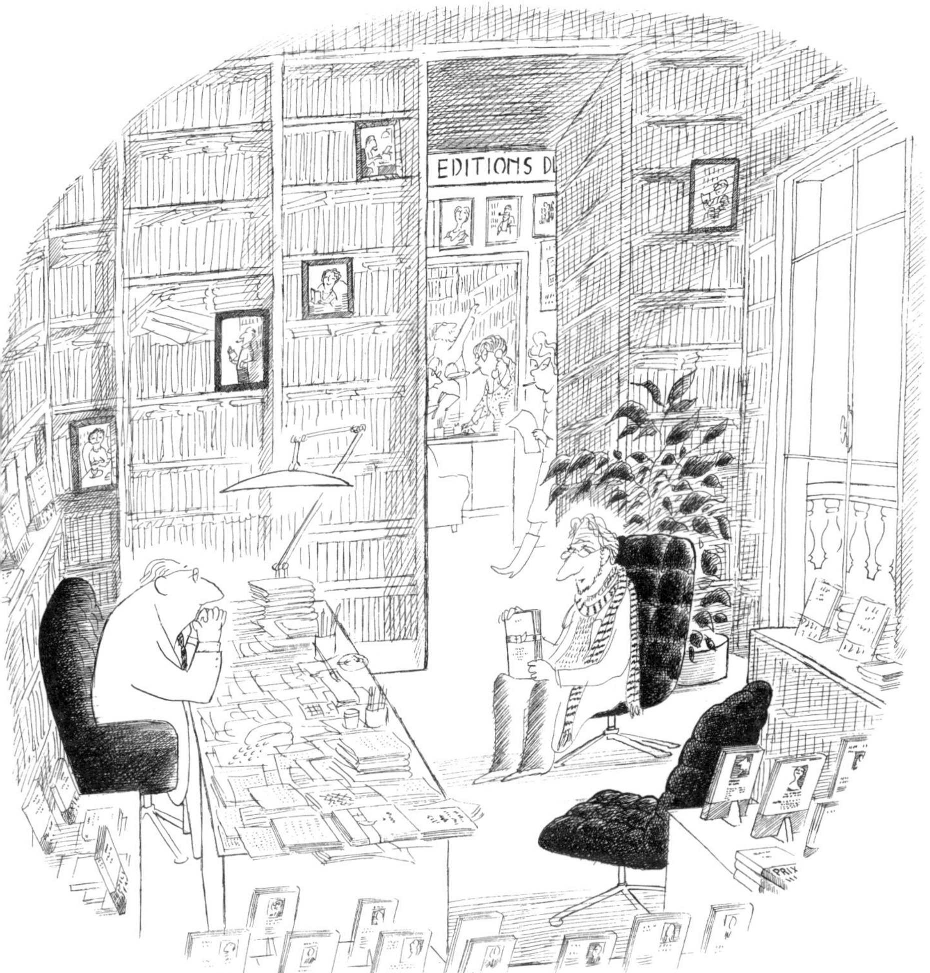
EDITIONS D
PRIX

Zu guter Letzt taucht der totgeglaubte Howard wieder auf und findet nach diversen Irrungen und Wirrungen zu Hélène zurück – was mir erlaubt, ein fulminantes Happy End einzubauen und endlich diesen tristen Vorhang zu lüften, der schon viel zu lange unsere Literatur verdüstert.

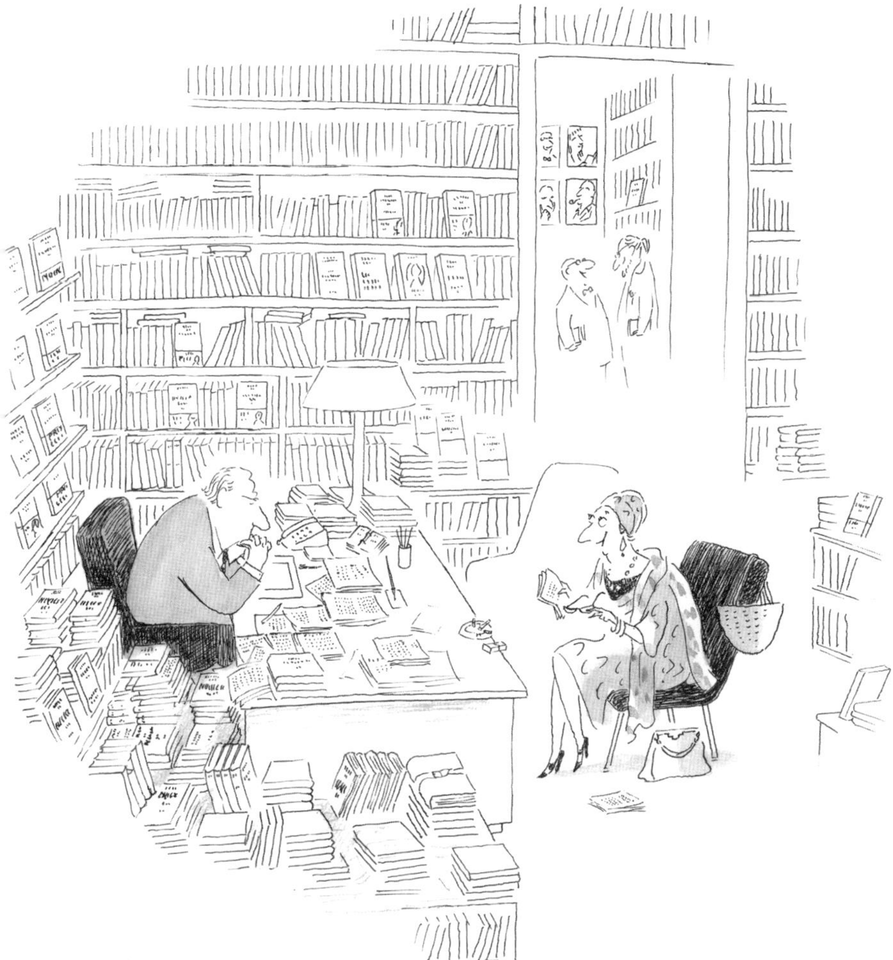

Es handelt sich um eine lange Meditation über das Leben, den Tod und die Nichtigkeit aller Dinge hienieden, die noch zur diesjährigen Buchmesse erscheinen sollte. Wegen des Fernsehens.

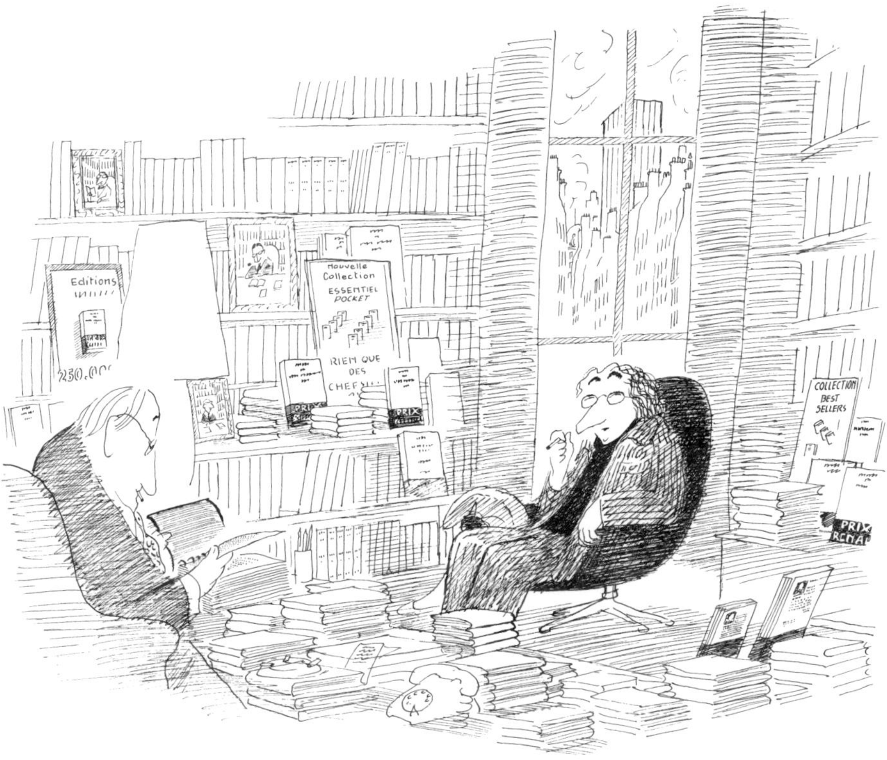
Editions
Nouvelle Collection
ESSENTIEL POCKET
RIEN QUE DES
PRIX
COLLECTION BEST SELLERS
PRIX

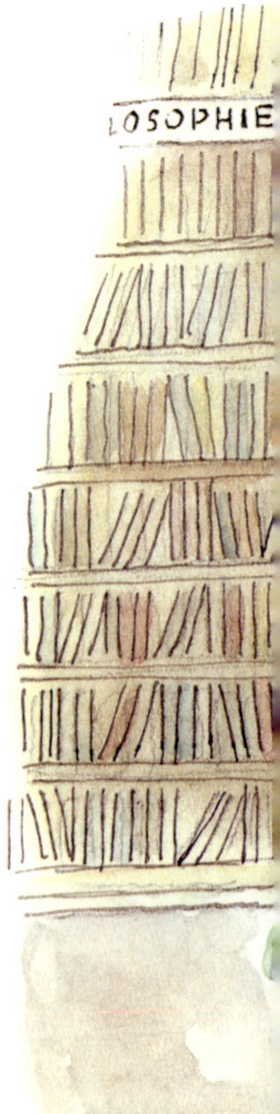

Sie war da! Ich hatte sie schon von draußen durch die Fenster der Bibliothek gesehen. Der Platz, auf dem sie saß, erlaubte es mir, mit Vorbedacht die Türe zu wählen, durch die ich dann eintrat: gemessenen Schritts und doch mit einem gewissen schmerzlichen Nachdruck.

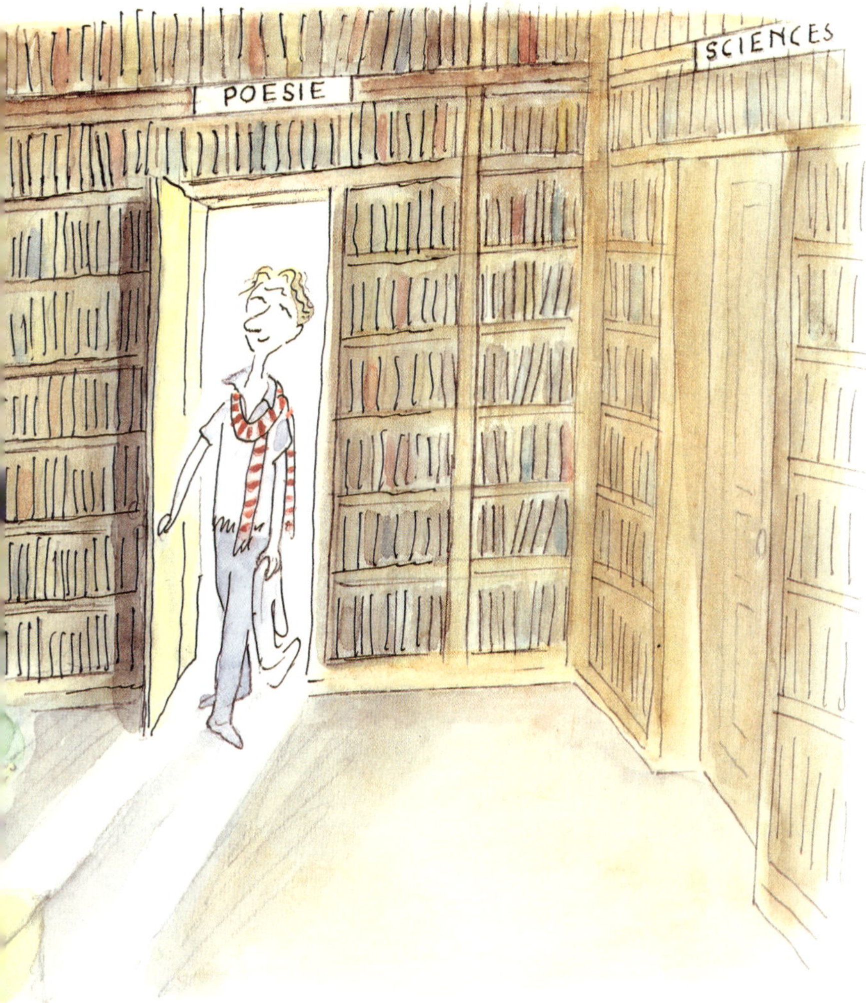
POESIE
SCIENCES

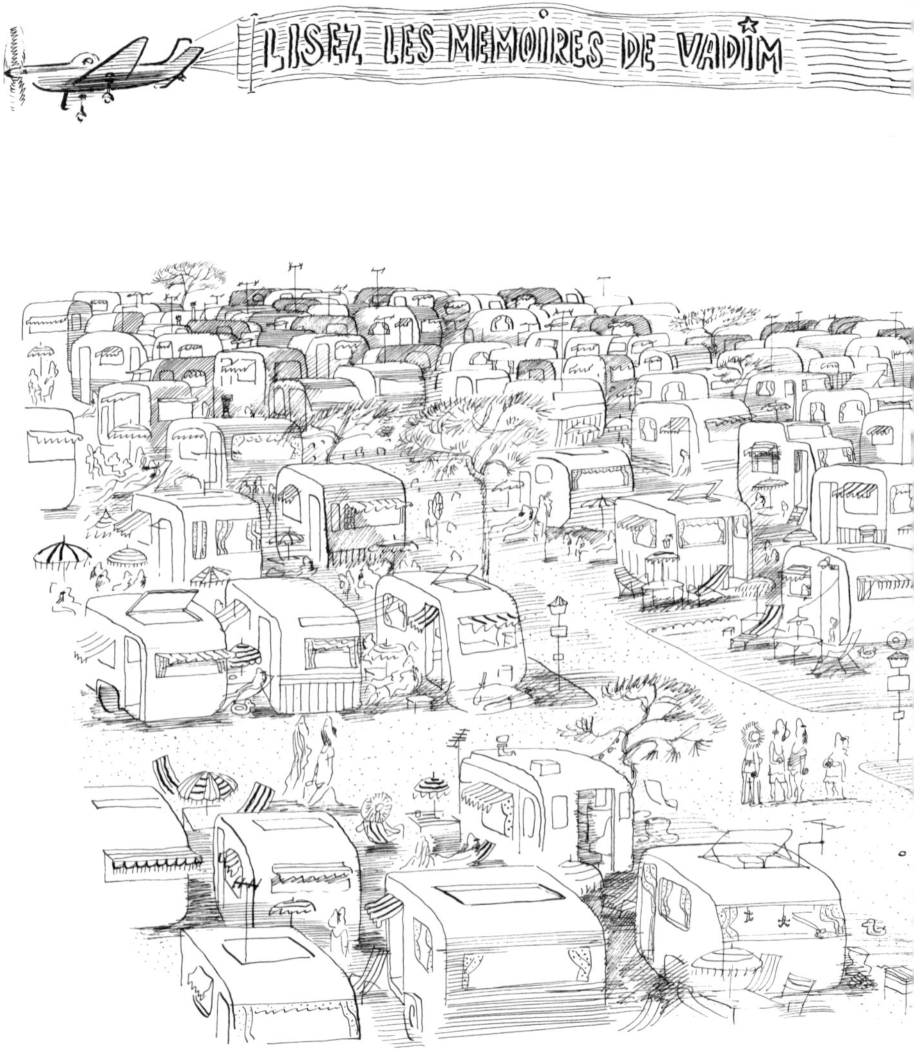
LISEZ LES MEMOIRES DE VADIM

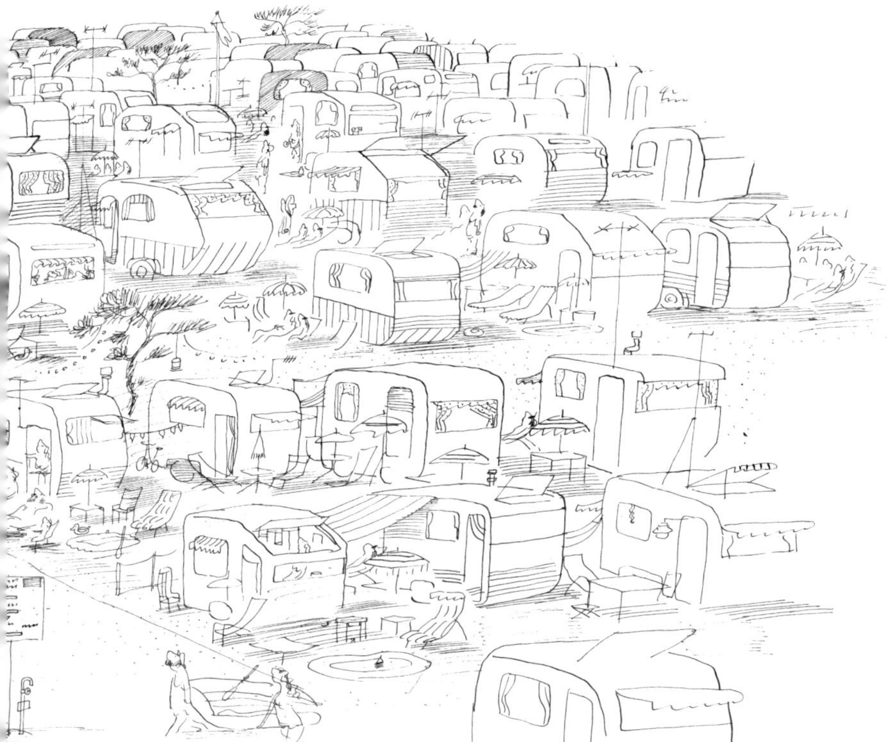

Lesen Sie die Memoiren von Vadim

Ich hoffe doch, Sie haben schon ein neues Schmankerl für uns in Vorbereitung?

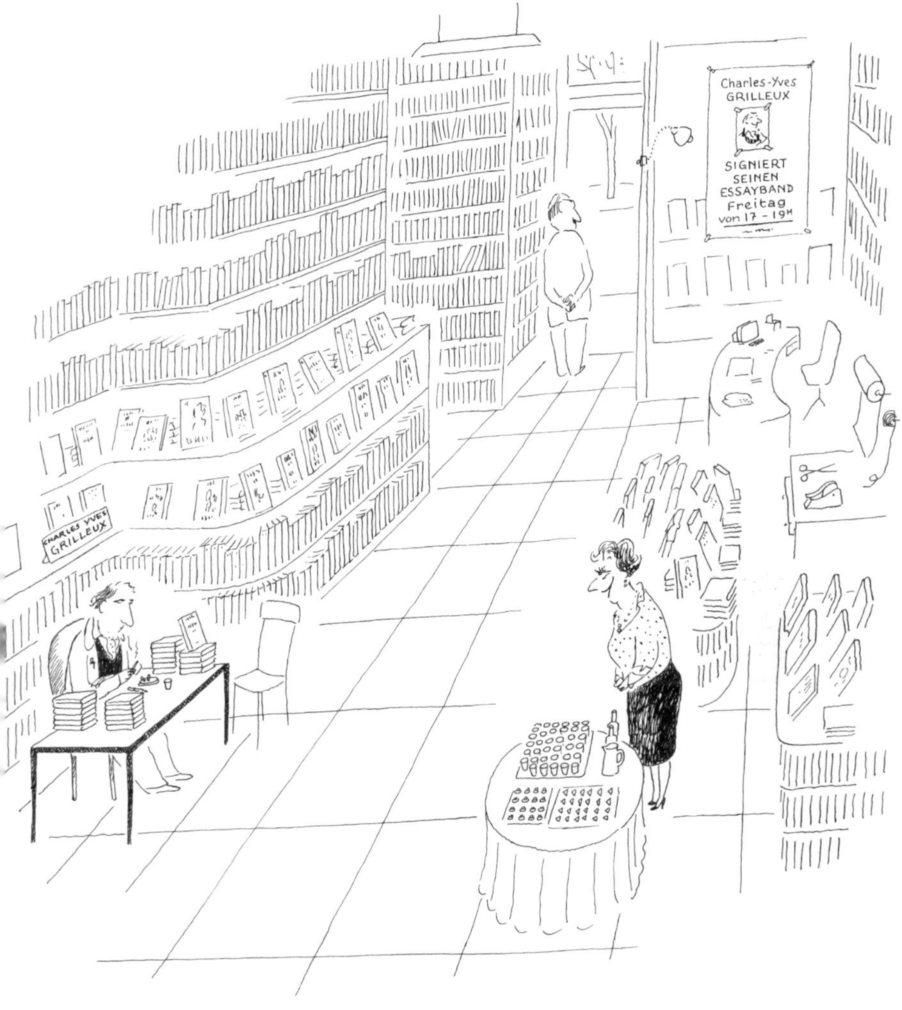
Charles-Yves
GRILLEUX
SIGNIERT
SEINEN
ESSAYBAND
Freitag
von 17 - 19H
CHARLES YVES
GRILLEUX

Du weißt selbst, wie viel du mir verdankst, Charles-André, aber gelegentlich kann es nicht schaden, dich daran zu erinnern.

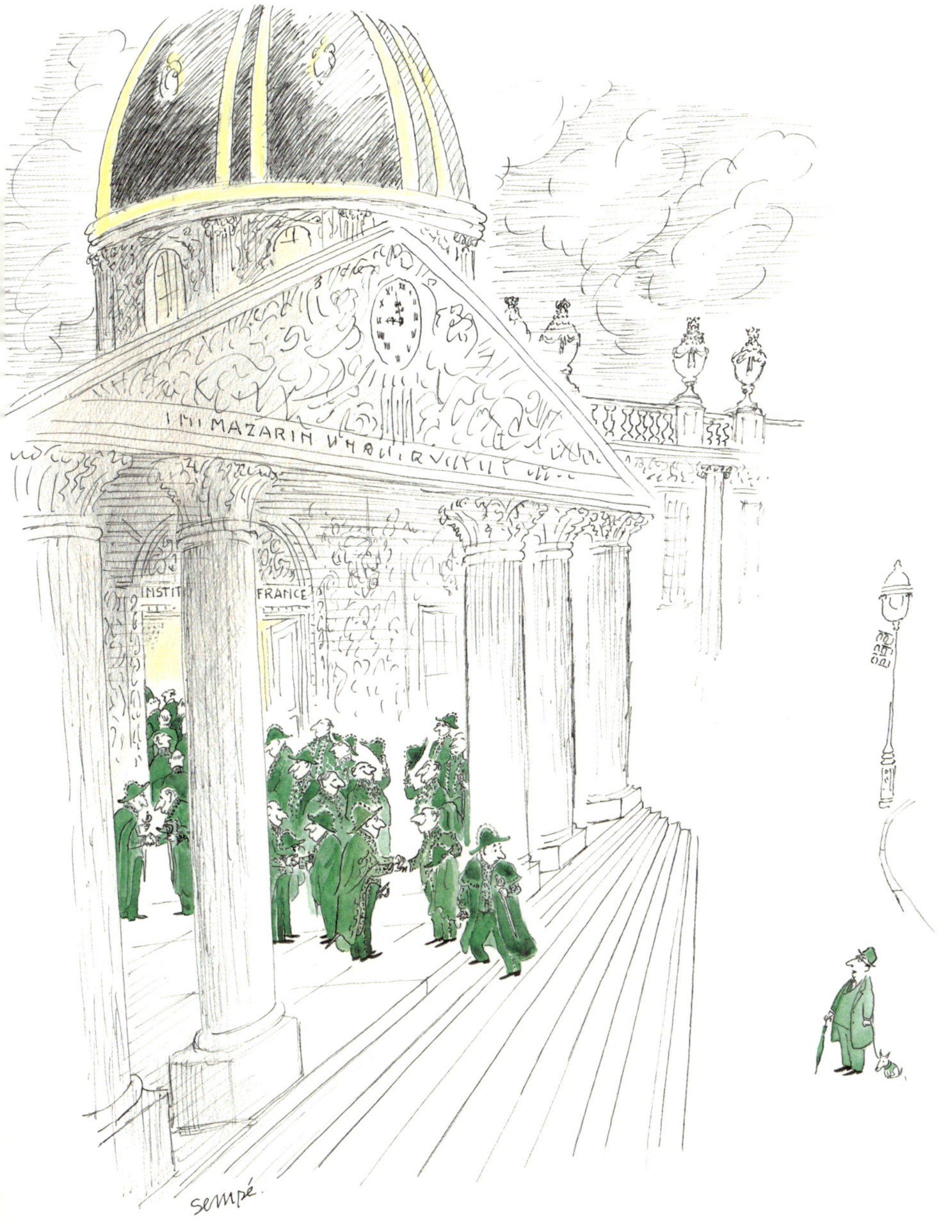
MAZARIN
INSTIT
FRANCE
sempé.

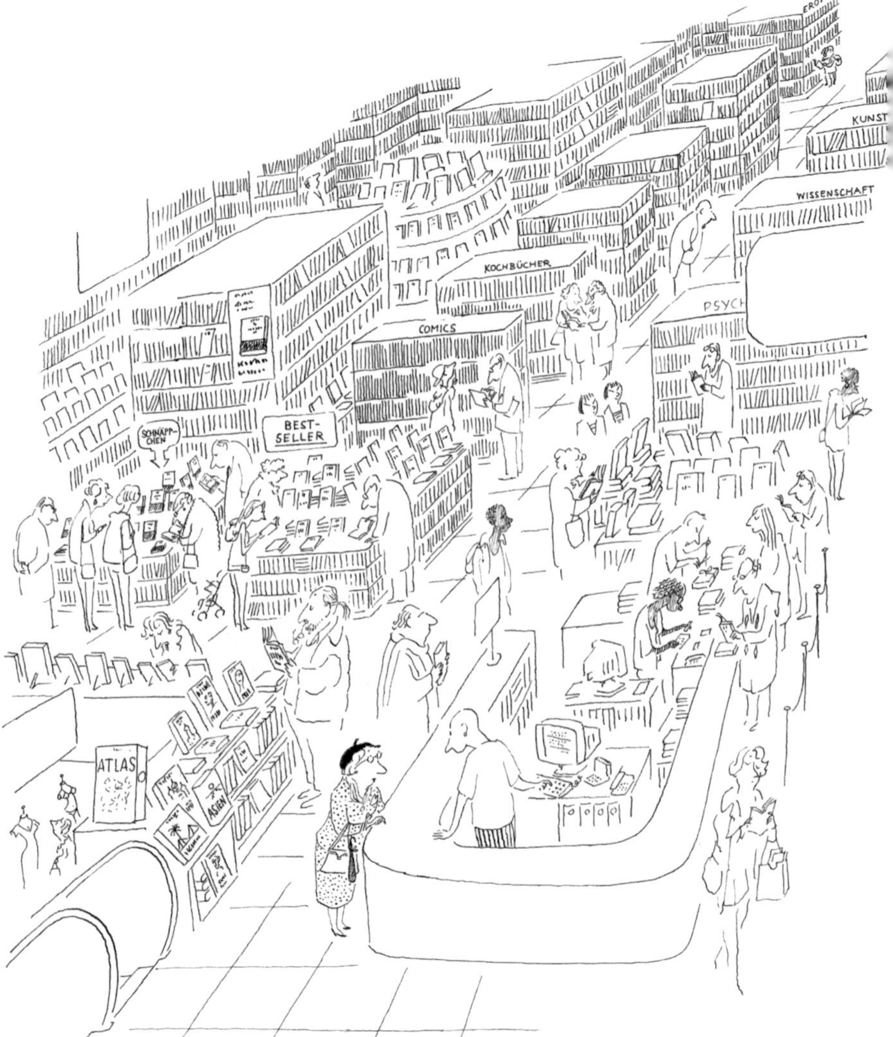
EROTIK
KUNST
WISSENSCHAFT
KOCHBÜCHER
PSYCH
COMICS
SCHNÄPP-
CHEN
BEST-
SELLER
ATLAS
ASIEN

Ich suche ein Buch über Geopolitik, das mit überholten Vorstellungen aufräumt und knallharte Erkenntnisse präsentiert, die sich auch auf meine unmittelbare Umgebung anwenden lassen.

Ich finde mich dermaßen, aber wirklich dermaßen in jedem einzelnen Ihrer Werke wieder! Das bin dermaßen ich selbst! Können Sie mir bitte folgende Widmung reinschreiben: Für Marie-Lucia, ohne die dieses Buch nicht existieren würde.

PAUL HENRY
PERONEY
SIGNERA
DE 15H, 18H

MYSTÈRE DE L'ORIENT

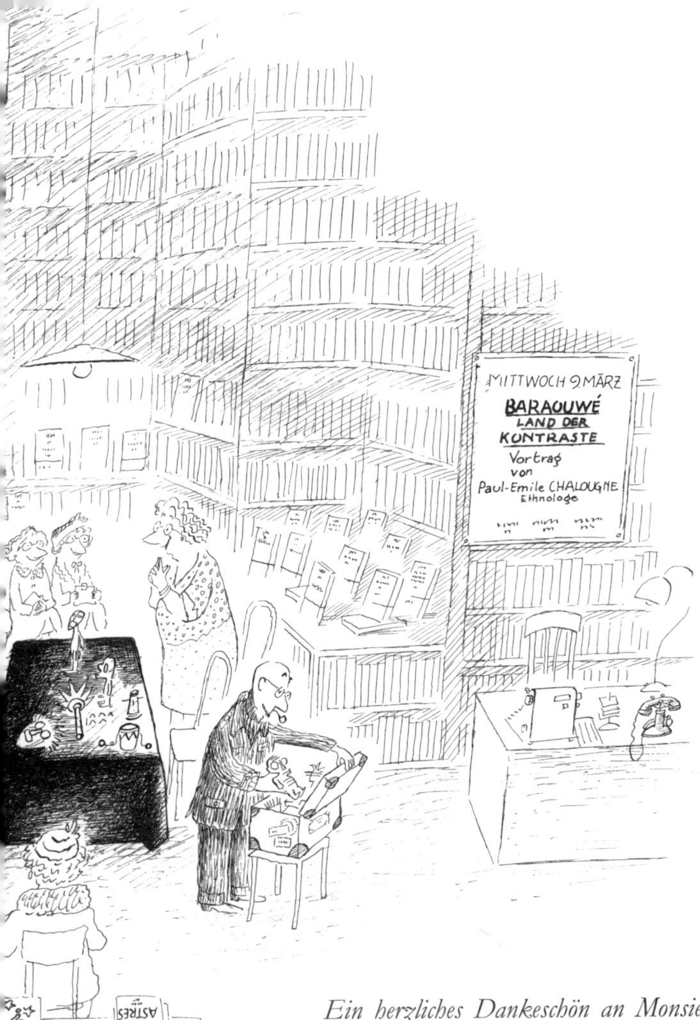

Ein herzliches Dankeschön an Monsieur Chalougne mit seinen sakralen Riten von den Baraouwé-Inseln. Wir treffen uns wieder, liebe Freundinnen, am Mittwoch, den 16., pünktlich um 21 Uhr, mit unseren zwei Mutanten aus Düsseldorf, deren definitive Zusage uns nunmehr vorliegt.

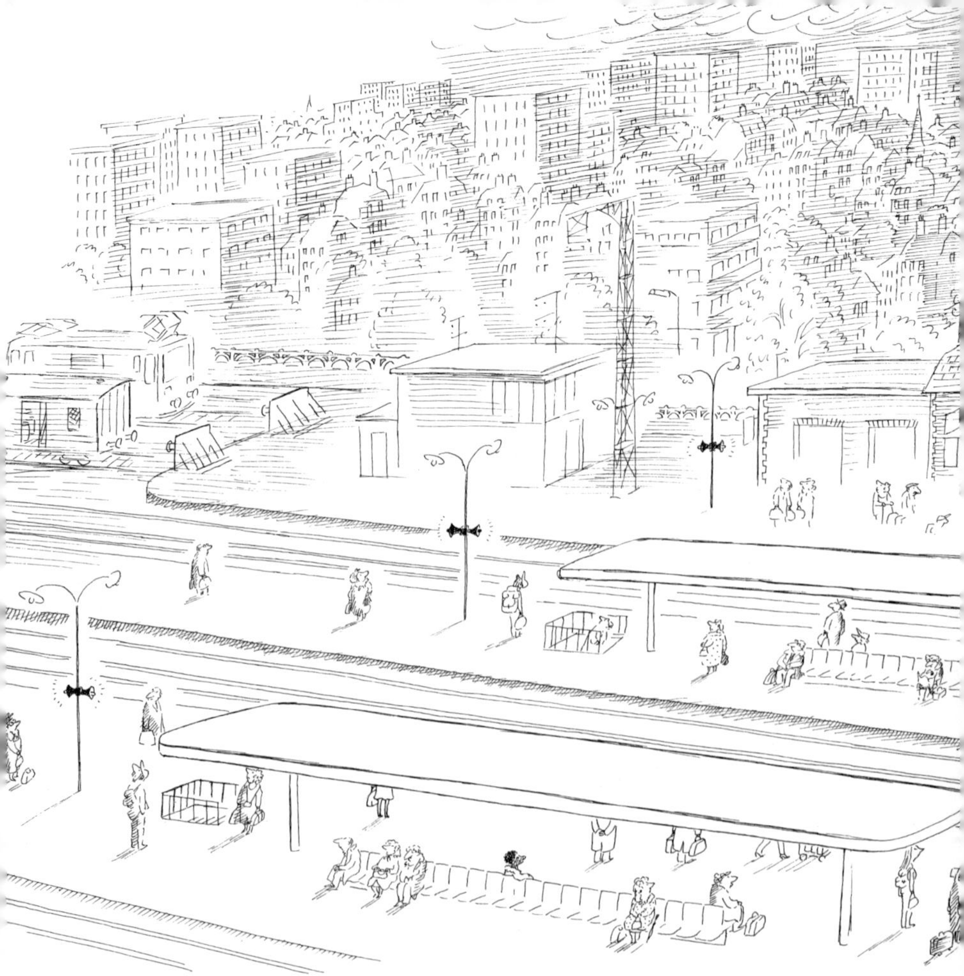

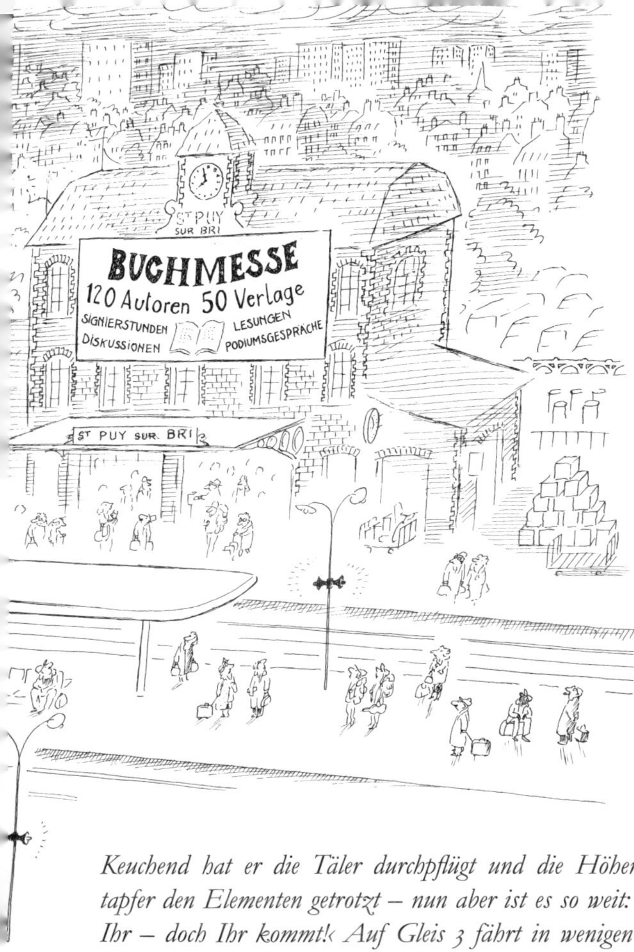

Keuchend hat er die Täler durchpflügt und die Höhen erklommen, tapfer den Elementen getrotzt – nun aber ist es so weit: ›Spät kommt Ihr – doch Ihr kommt!‹ Auf Gleis 3 fährt in wenigen Minuten der Regionalzug 743 ein.
Wen Sehnsucht plagt oder Fernweh treibt, dem wird jedes Warten zur Qual. Allein die Philosophen unter uns werden diesen schwebenden Moment zu genießen wissen, da sie noch hier sind und doch schon wie entrückt.
Der Zug hat zwei Minuten Aufenthalt, dann wird er sich langsam in Bewegung setzen und der sinkenden Dämmerung entgegenrollen. Jedes Ankommen, Wegfahren, auch Umsteigen, fordert seinen Tribut, denn Scheiden tut weh!

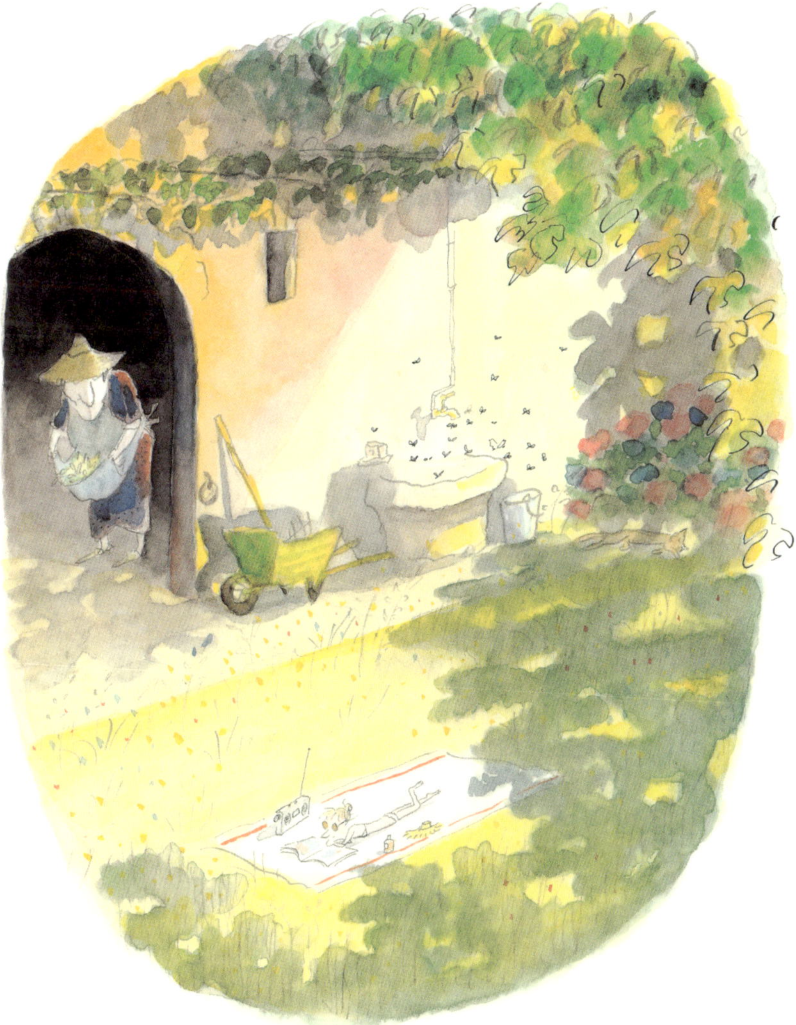

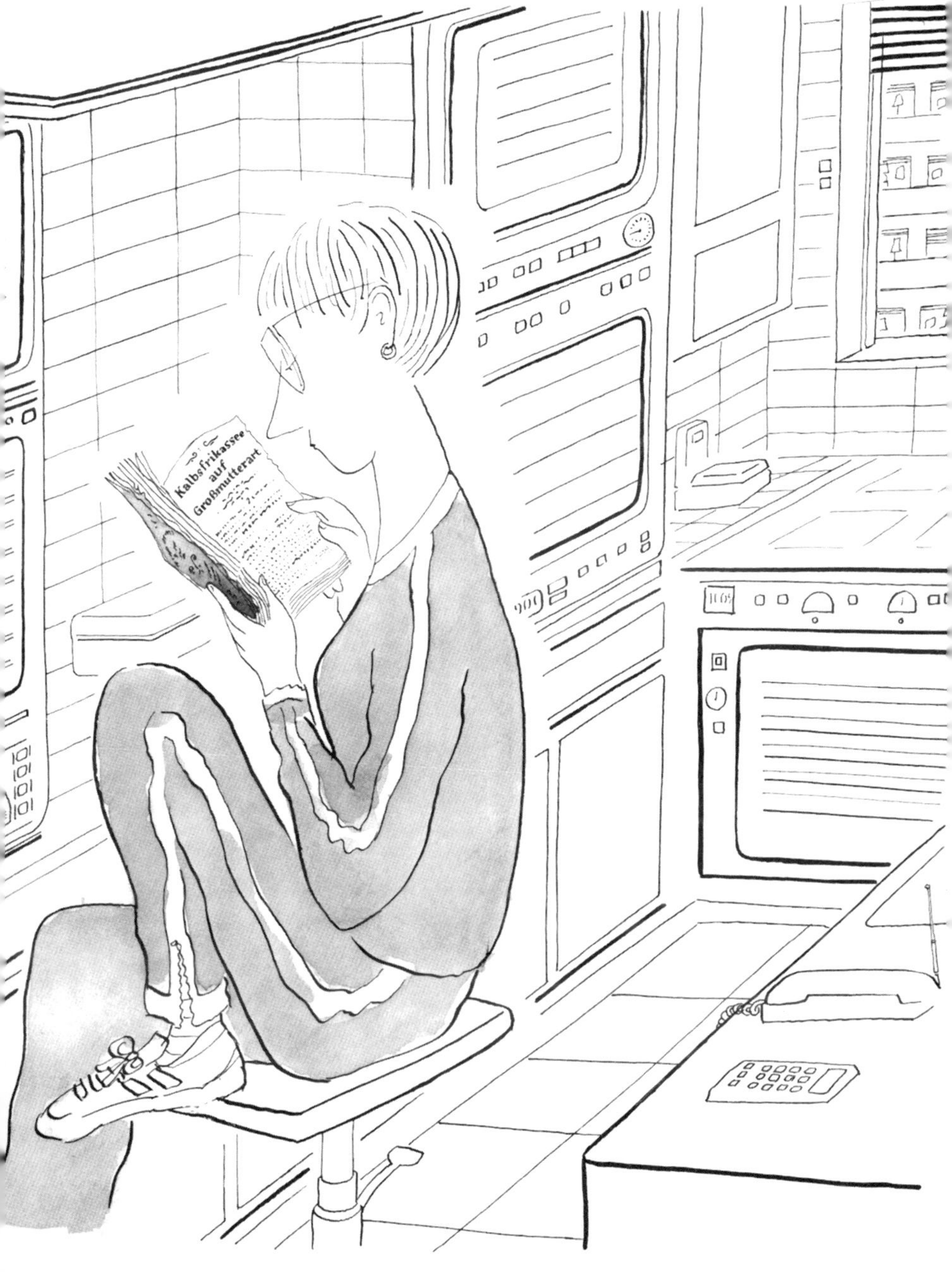
Kalbsfrikassee
auf
Großmutterart

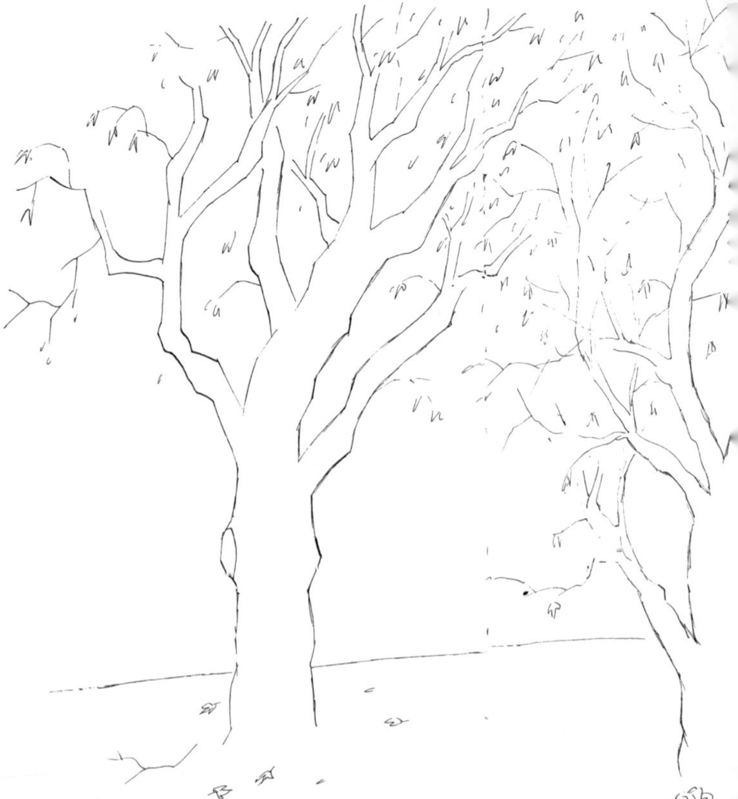

Die Jury des Preises ›Ad Parnassum‹ hat angesichts der geringen Qualität der geprüften Werke im ersten Wahlgang und ohne Gegenstimme beschlossen, wie auch in den vergangenen Jahren ihren Preis nicht zu vergeben.

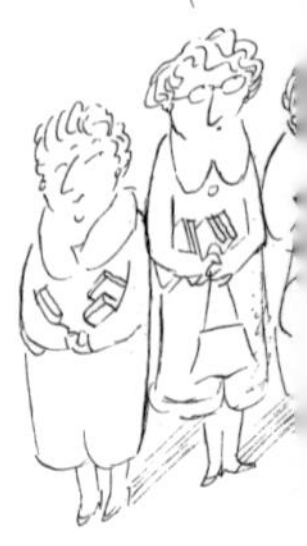

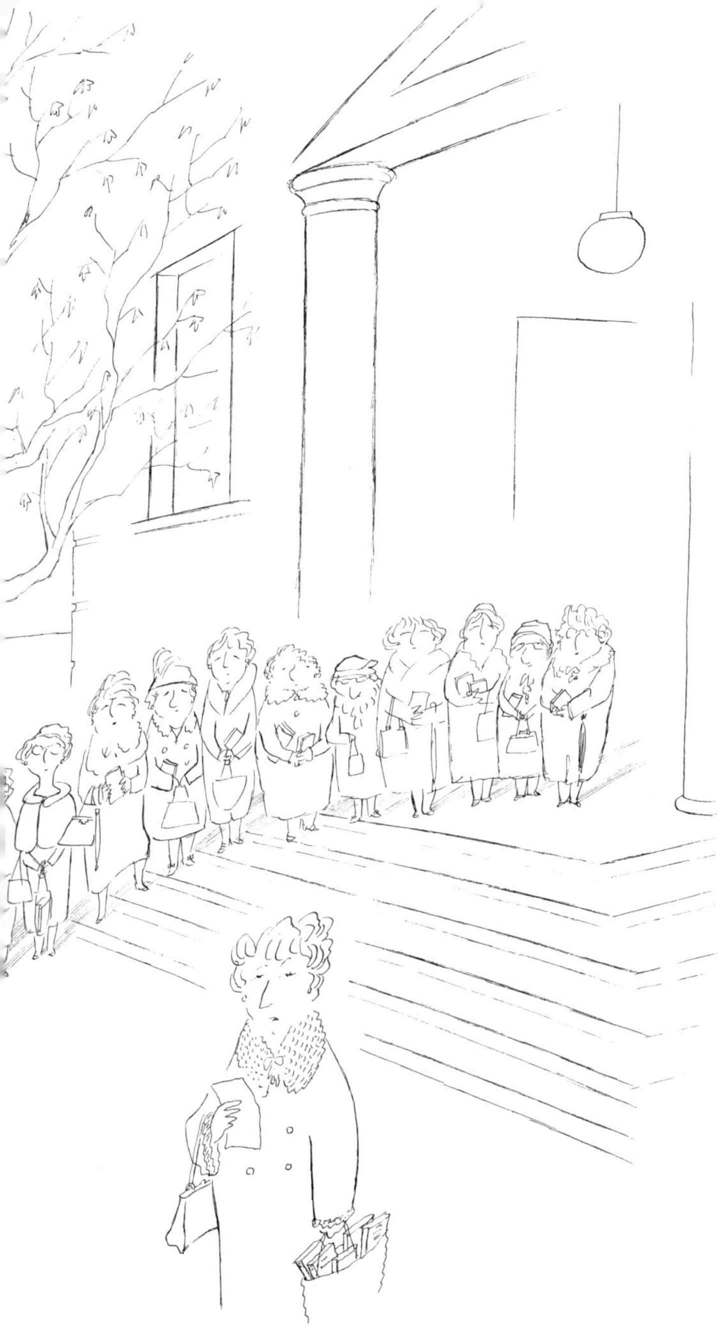

Was wir auf jeden Fall verhindern müssen, das ist die Verstaatlichung des Nouveau Roman.

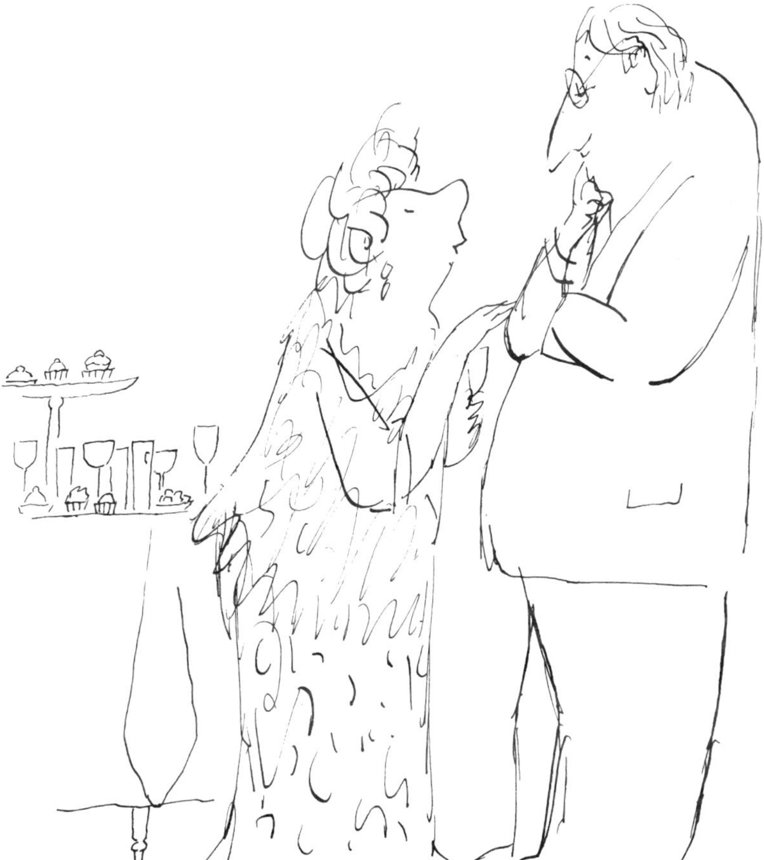

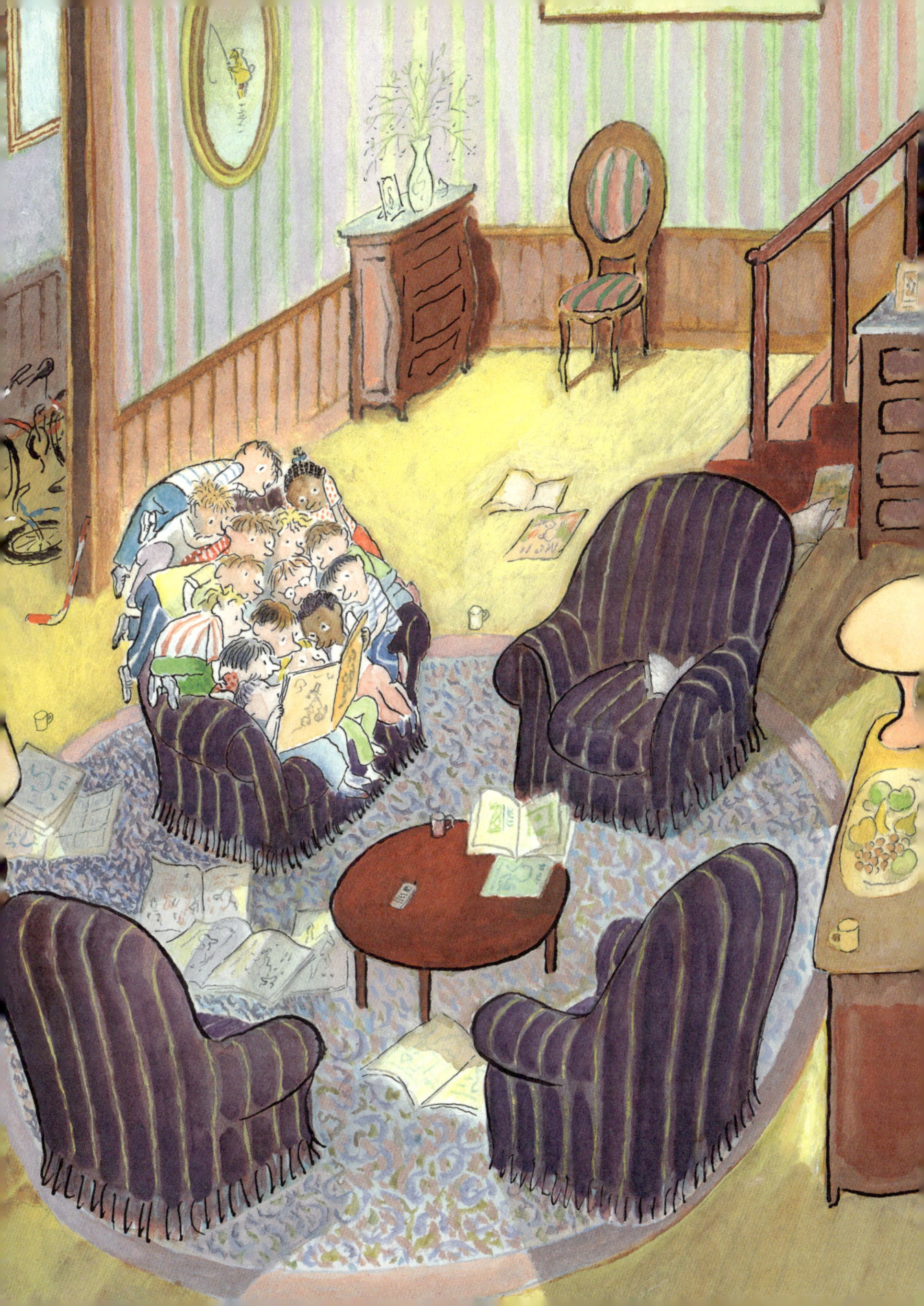

Im ersten Teil des Buches habe ich meine Schuldgefühle durch die mir vom Vater aufgezwungene inzestuöse Beziehung verarbeitet. Aber erst beim zweiten Teil – als ich entdeckte, dass er auch mit meiner Schwester was hat – ist mir bewusst geworden, was mich tief in meinem Innersten zum Schreiben trieb. Es war die Frage: »Was hat er nur an ihr gefunden?«

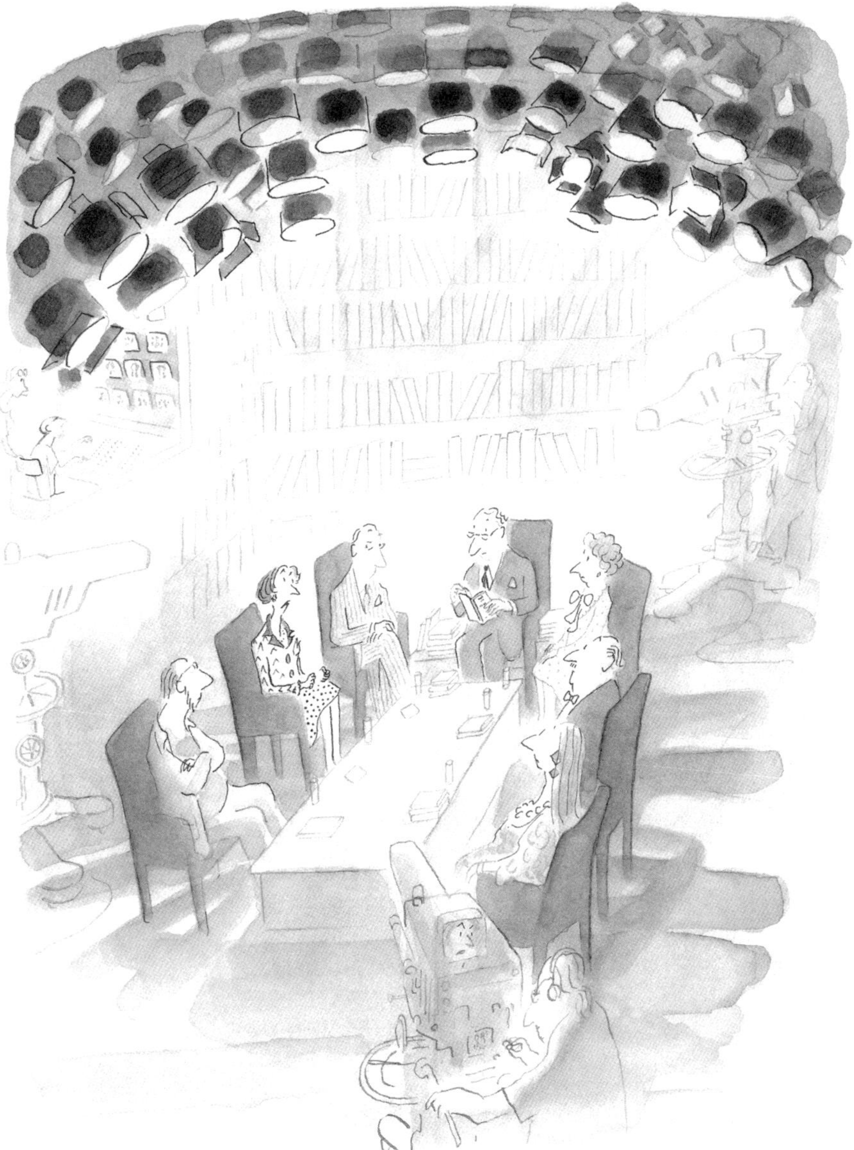

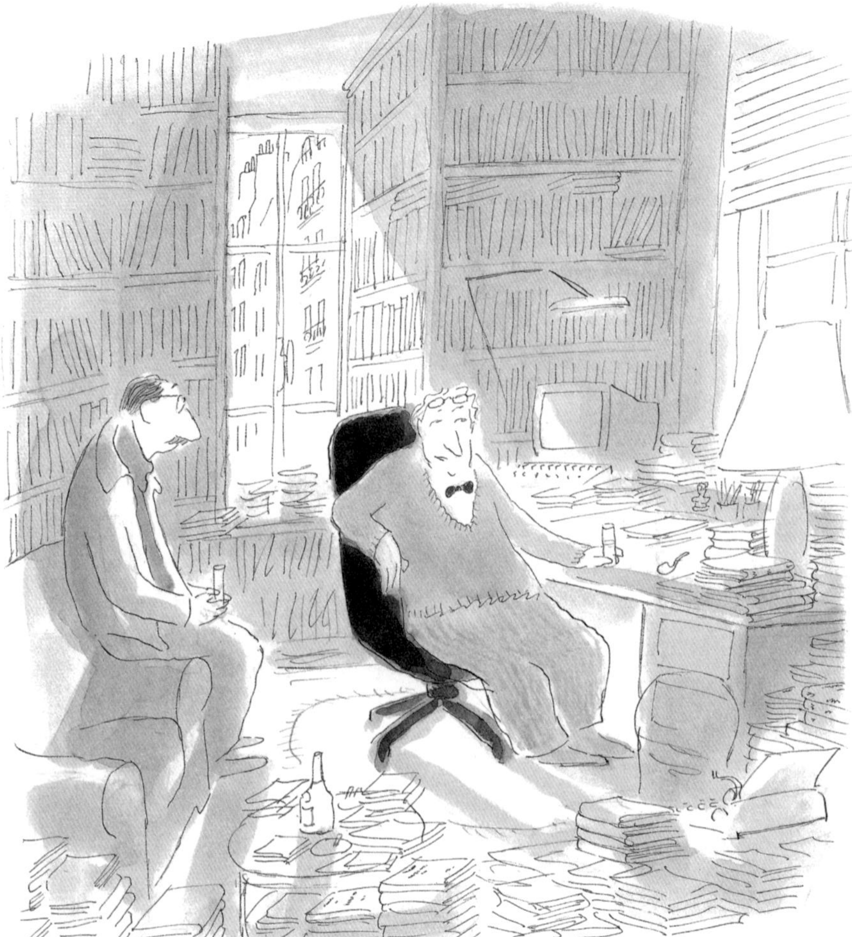

Wovon erzähle ich in meinen Büchern? Von meinem Durchschnittsleben. Was war los in diesem Durchschnittsleben? Meine paar Liebschaften: Durchschnitt. Meine Sehnsüchte: Durchschnitt. Es gibt sehr viele Durchschnittsmenschen, das weiß ich ganz sicher. Darum verstehe ich nicht, wieso meine Bücher eine so niedrige Auflage haben.

Und dann ist das Phänomen eingetreten, das in der Literatur nur allzu gut bekannt ist: Je weiter ich mit meinem Buch vorankam, desto mehr begannen meine Personen unabhängig von mir zu existieren. Mit anderen Worten: Sie führten ein Leben, das ihrem Schöpfer gewissermaßen entglitt, ein Eigenleben. Ergebnis: 127 verkaufte Exemplare in 6 Monaten. Bauchlandung.

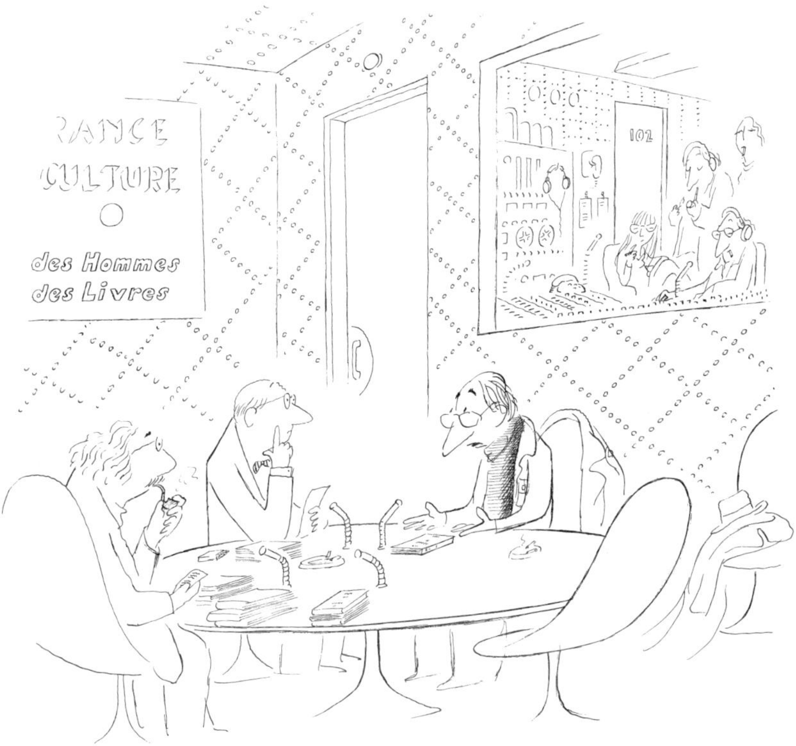
RANCE
CULTURE
des Hommes
des Livres
102

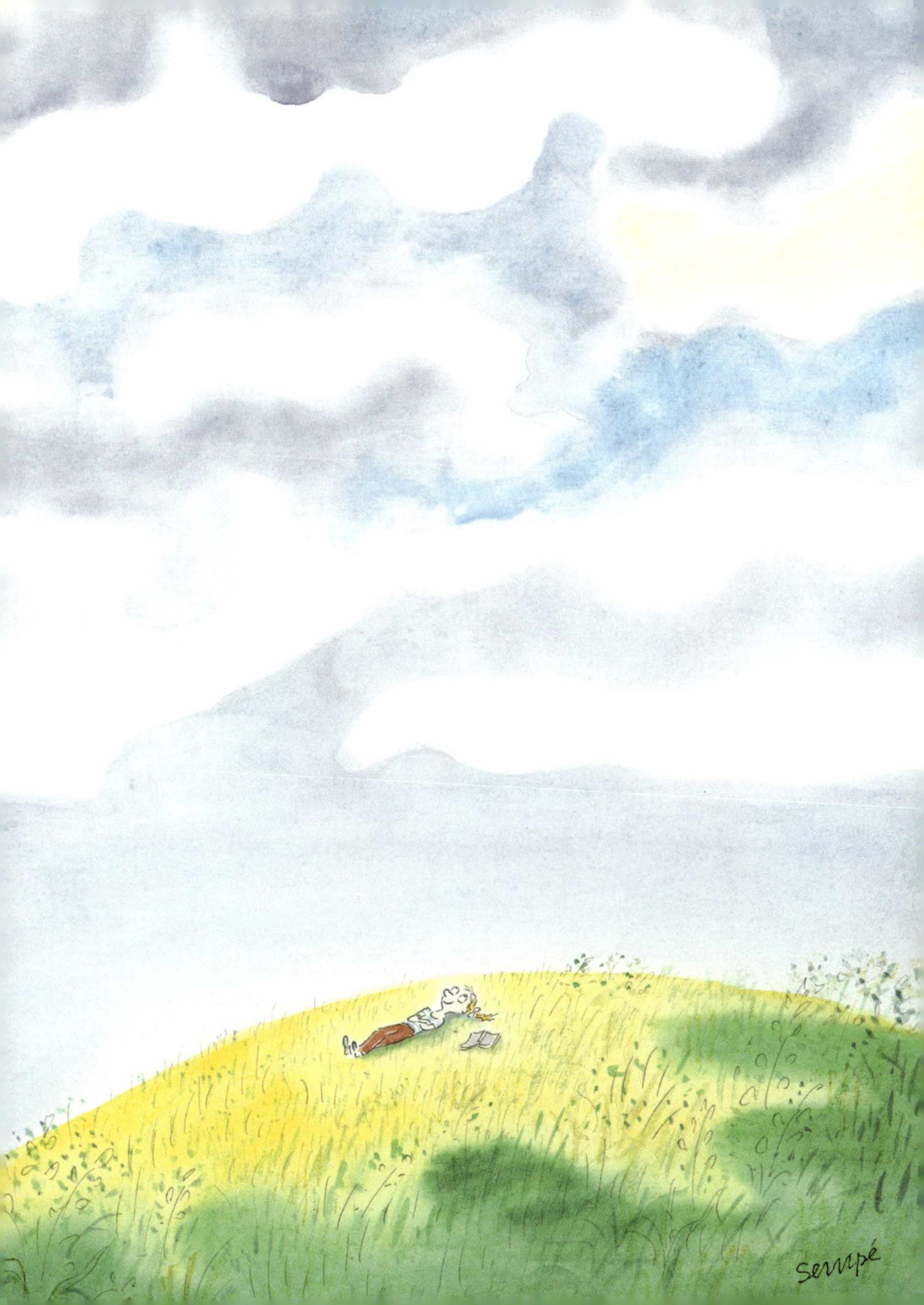
Sempé

Dienstag, 27. Noch immer Schwierigkeiten mit meiner Hauptfigur Xavier! Seit er weiß, dass Geneviève einen Geliebten hat, ist er irgendwie verändert, und ich kriege ihn nicht mehr in den Griff. Beim Durchlesen der letzten dreißig Seiten – plötzlich die Erleuchtung: Xavier ist schwul! Hoffnungslos in den Liebhaber seiner Frau verliebt! Sofort rufe ich Benoît bei Gallimard an, um ihm die Neuigkeit mitzuteilen. Er unterbricht mich, sagt, man habe ihn gefeuert, redet über den Kredit, den er für seine Wohnung aufgenommen hat, seine zwei Kinder etc. Verspricht, zurückzurufen, was er aber nicht tut. Heute Abend hab ich's bei ihm zu Hause versucht. (Inzwischen hatte ich noch an der Sache gefeilt: es wäre interessant, anzudeuten, dass Genevièves Geliebter von X.s Homosexualität wusste.) Benoîts Frau nahm ab und versicherte mir – wer's glaubt! –, er sei nicht da. Jetzt, wo ich den Faden wiedergefunden habe, berste ich vor Elan. Bin allerdings tief enttäuscht über das schnöde Desinteresse der Literaten am französischen Roman.

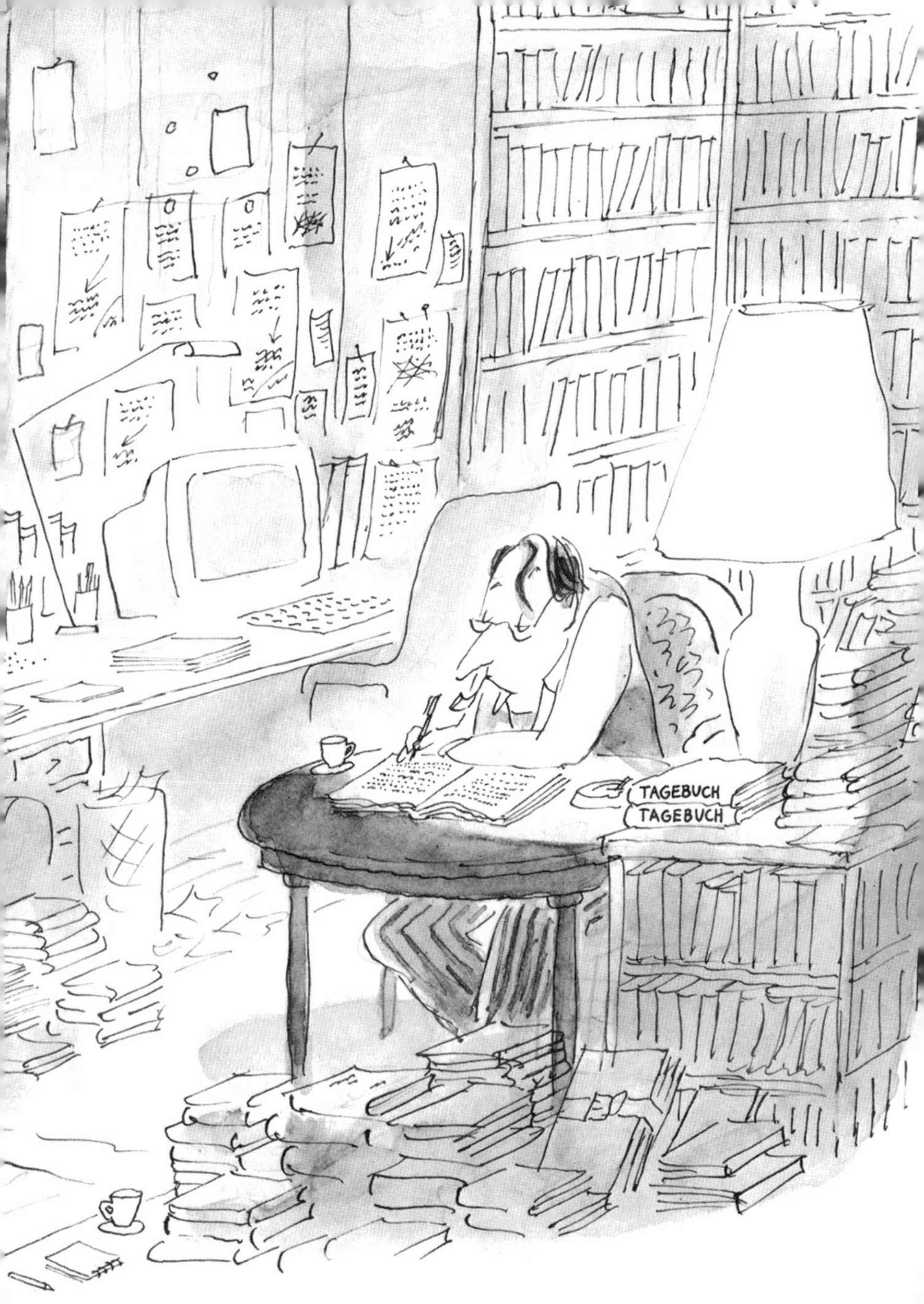
TAGEBUCH
TAGEBUCH

Doch wirklich, ich garantiere Ihnen! Ich mache das schon seit langem: Sie müssen nur immer ein Notizbuch und einen Schreibstift bei sich haben – und sobald Ihnen etwas einfällt – zack! brauchen Sie's nur noch aufzuschreiben!

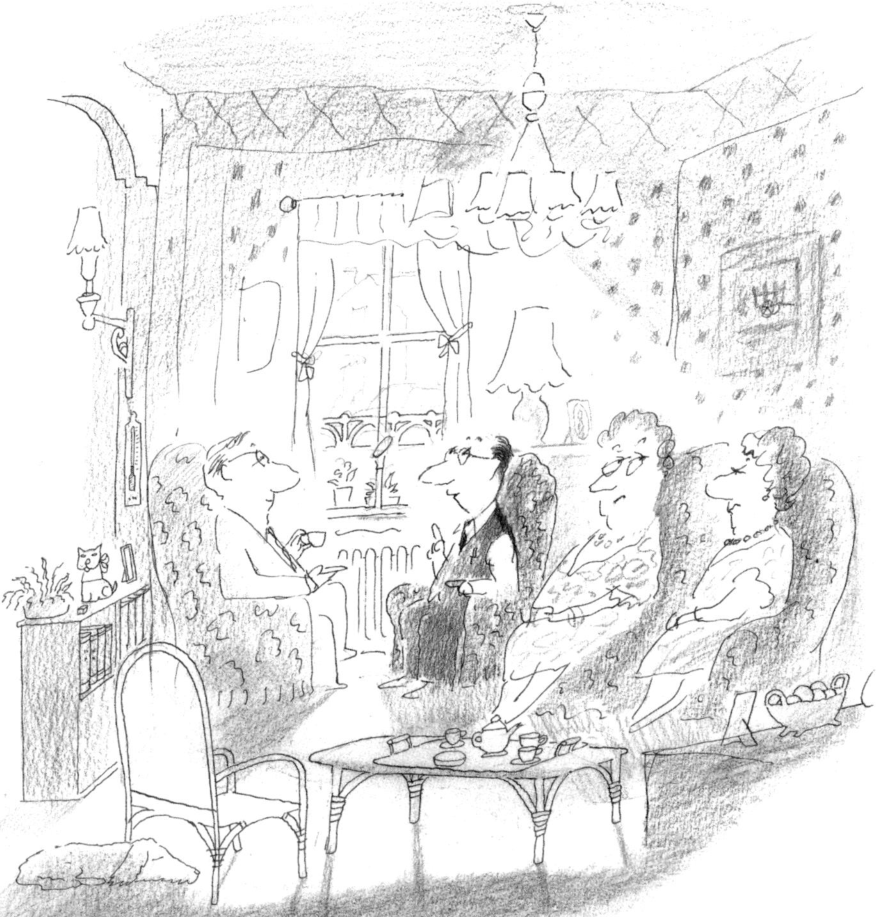

Bei Tisch fühlte ich eine Welle gegenseitiger Sympathie zwischen uns aufbranden. Darf ich Ihnen mein Tagebuch anvertrauen? Ich schlage vor, wir telefonieren übermorgen, um uns darüber auszutauschen.

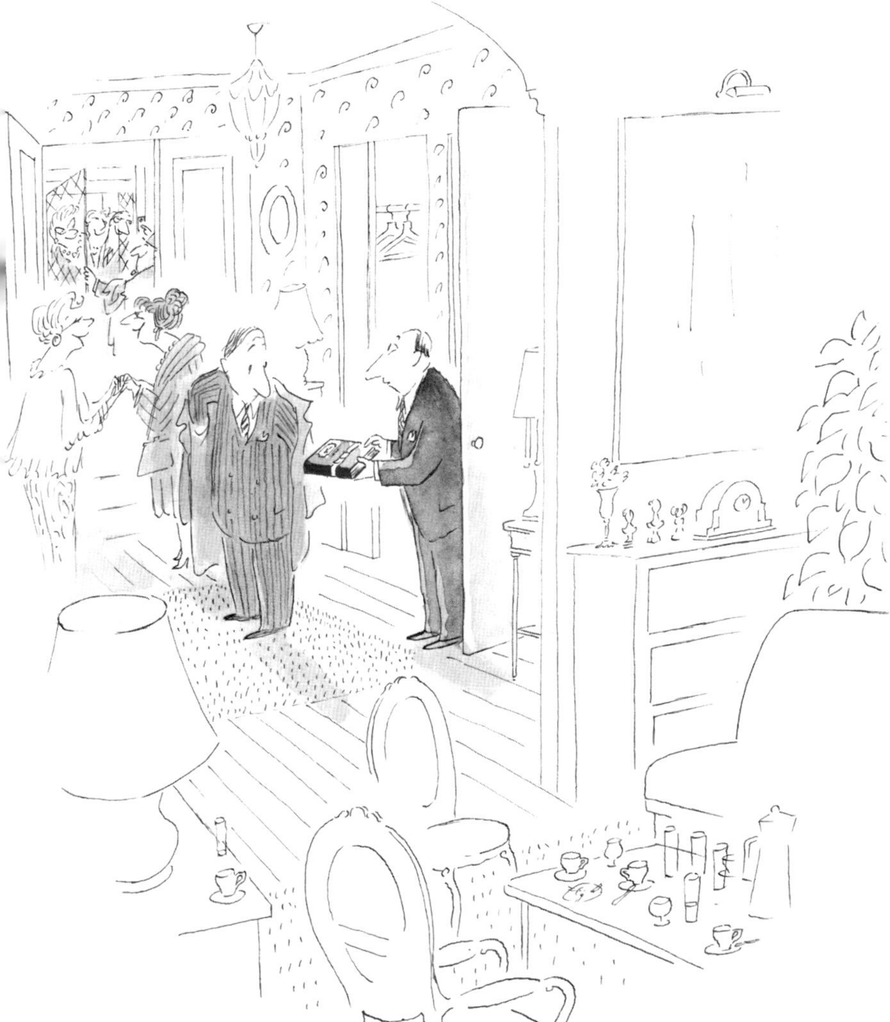

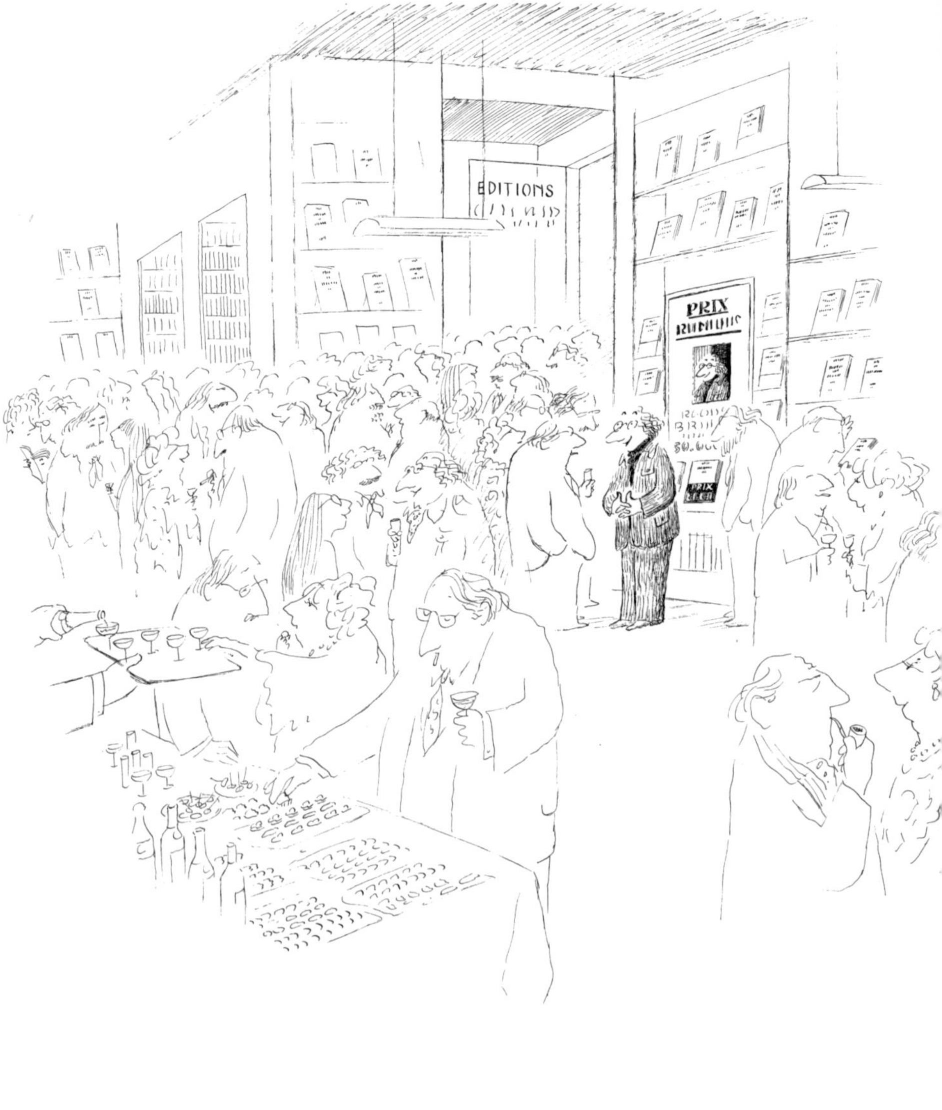

Vor allem freut mich zu sehen, dass meine Ehrlichkeit wirklich praxisnah ist.

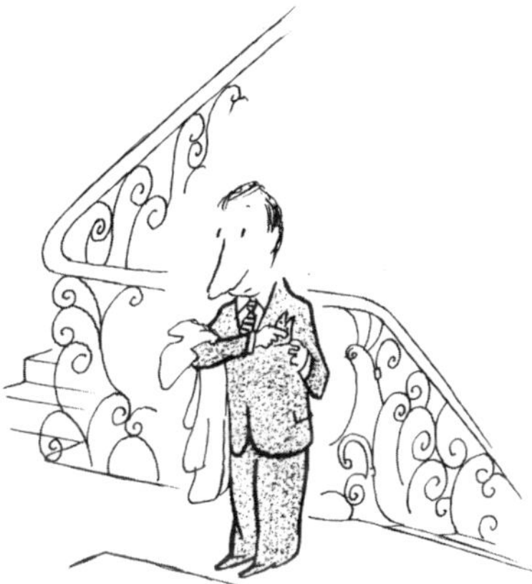

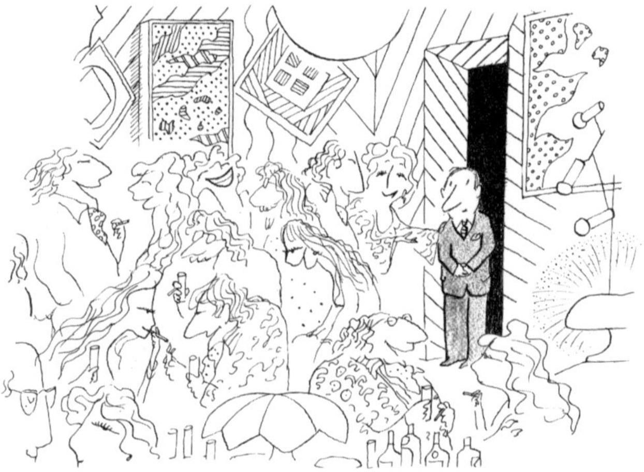

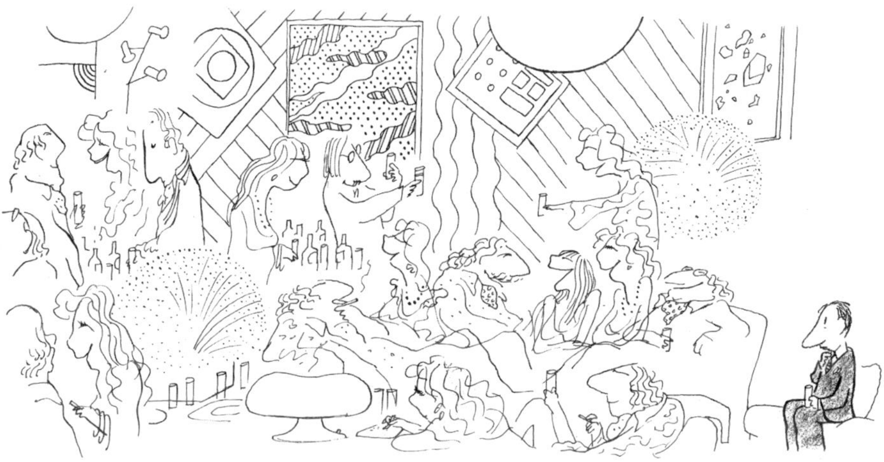

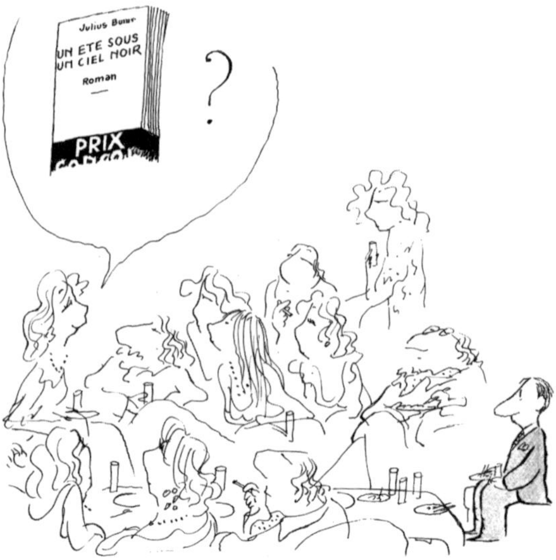
Julius
UN ETE SOUS
UM CIEL NOIR
Roman
PRIX
?

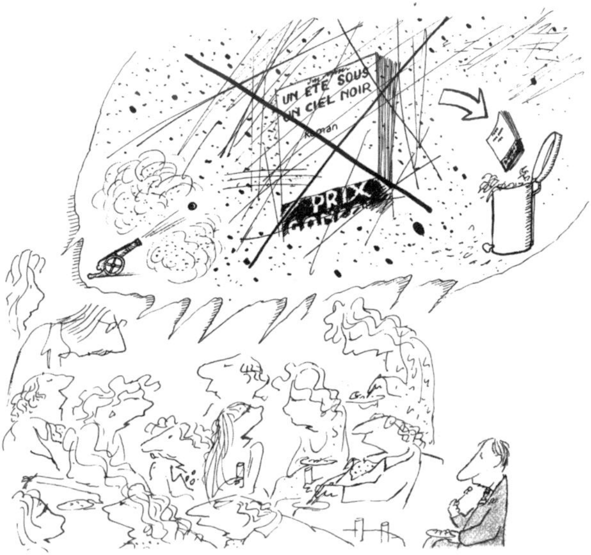
UN ÉTÉ SOUS
UN CIEL NOIR
Roman
PRIX

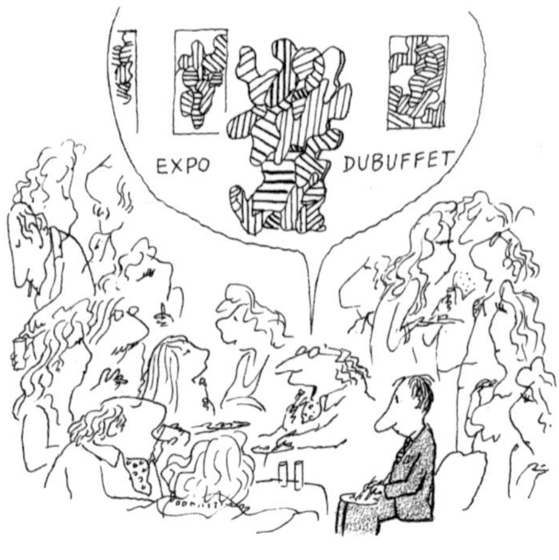
EXPO
DUBUFFET

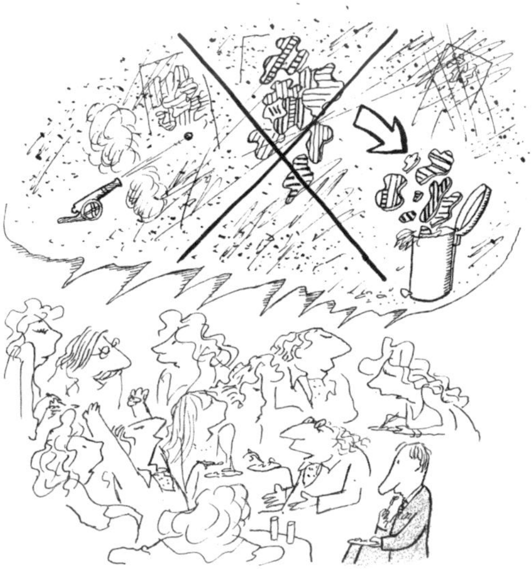

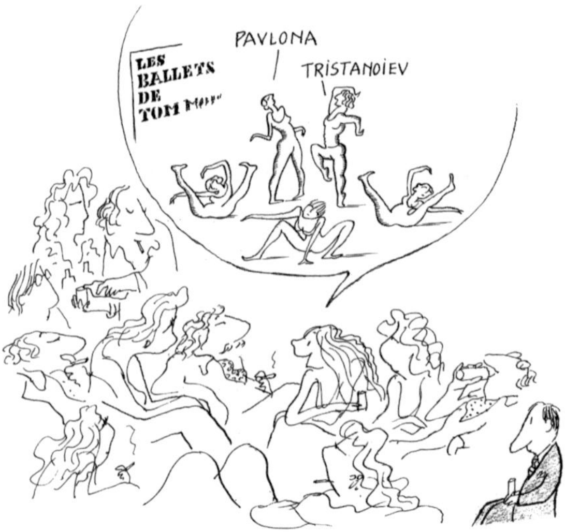
LES
BALLETS
DE
TOM
PAVLONA
TRISTANOIEV

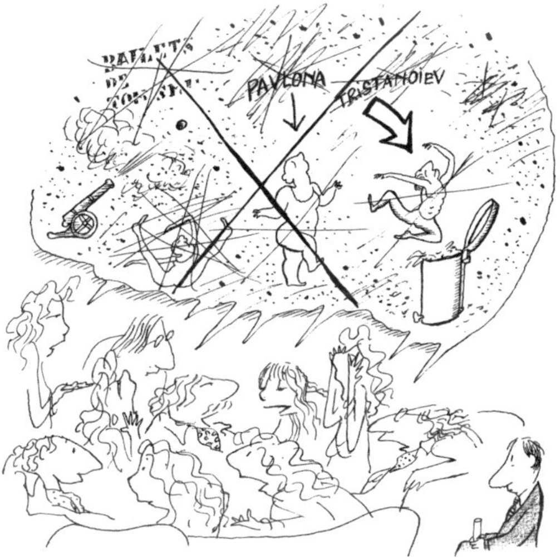
PAVLONA
TRISTANOIEV

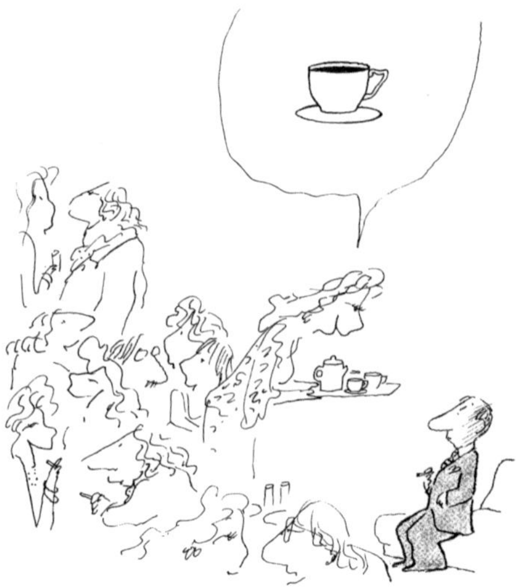

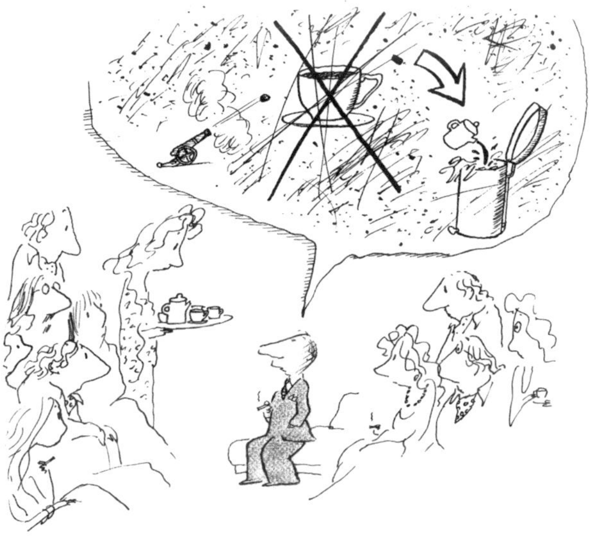

Ich müßte mal einen grossen Dichter kennenlernen. Der könnte von meiner Melancholie einiges profitieren …

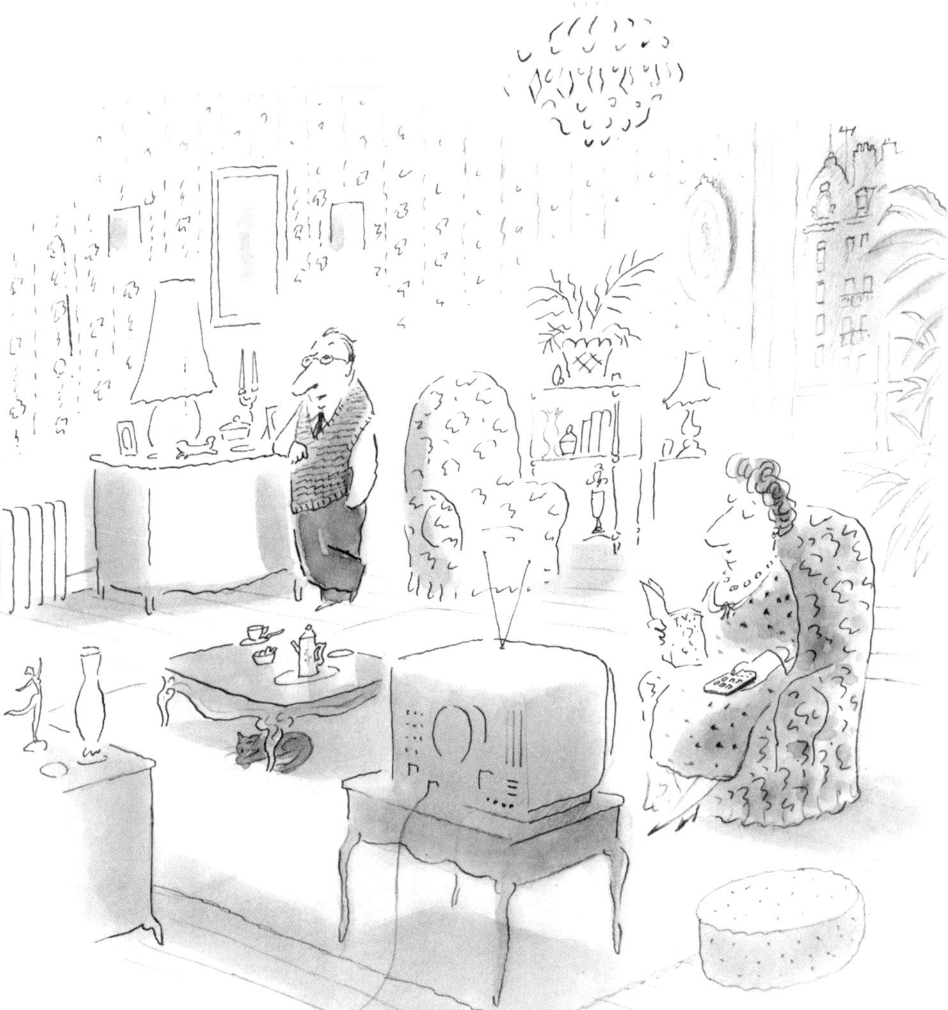

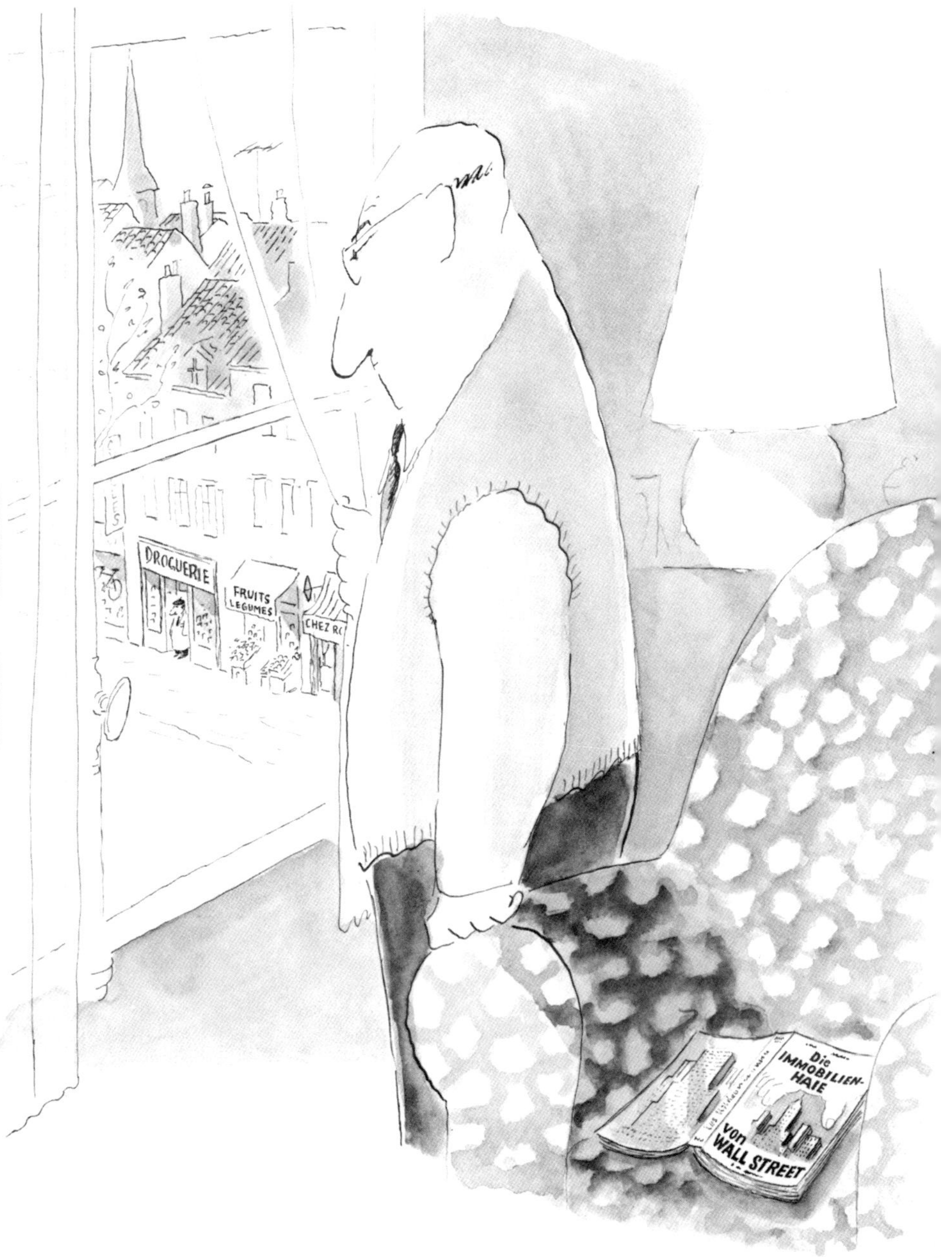
DROGUERIE
FRUITS
LEGUMES
CHEZ RO
Die
IMMOBILIEN-
HAIE
von
WALL STREET

Und was machen Sie mit Ihren abgedroschenen Wörtern?

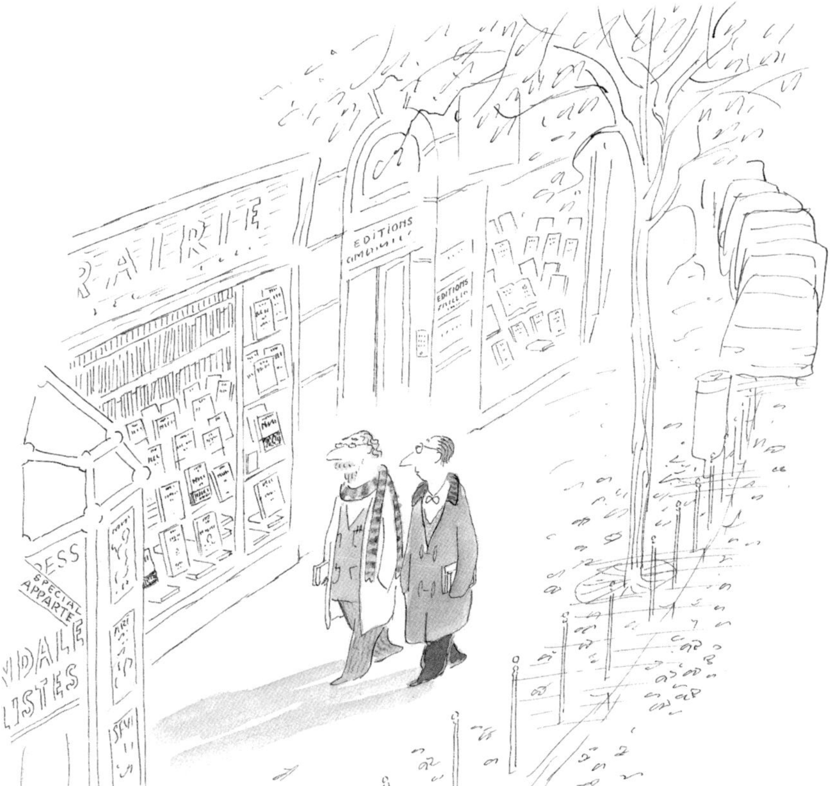
EDITIONS

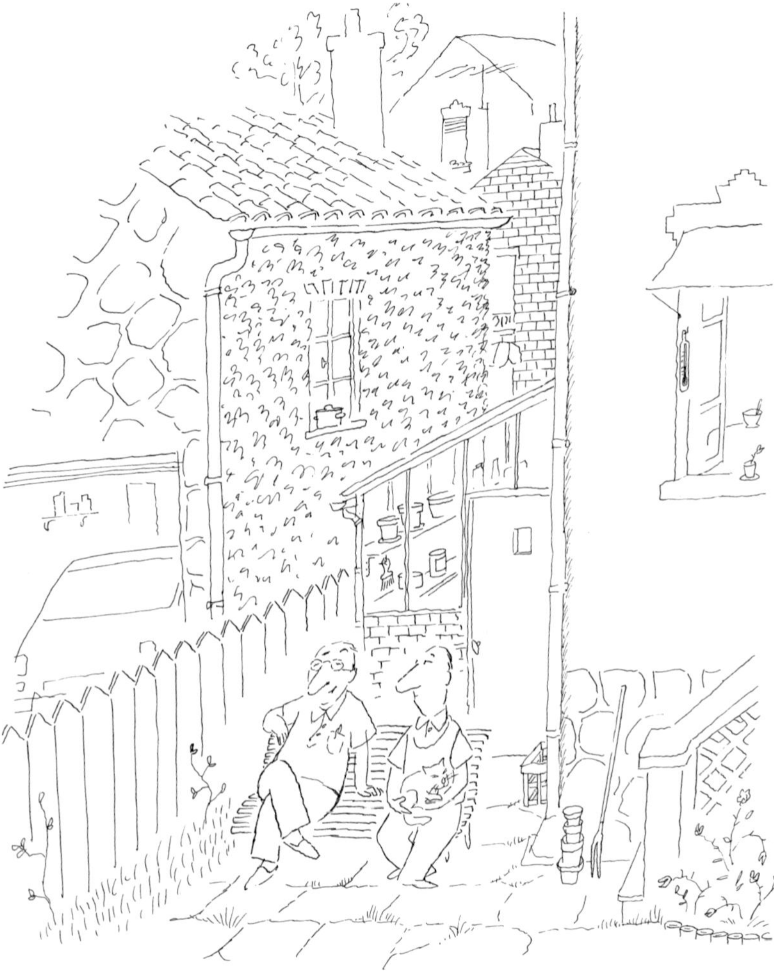

Ich habe einen Roman geschrieben. Ein Mann, auf dem Gipfel seines Ruhms und Ansehens angelangt, entdeckt, dass alles auf Erden eitel und nichtig ist. Ich habe ihn meiner Frau zum Lesen gegeben. Sie fand ihn sehr gut.

Die Kultur, die Kultur... eines Tages habe ich mir gesagt: Teufel auch, wir wollen leben! Dann habe ich ein Buch geschrieben.

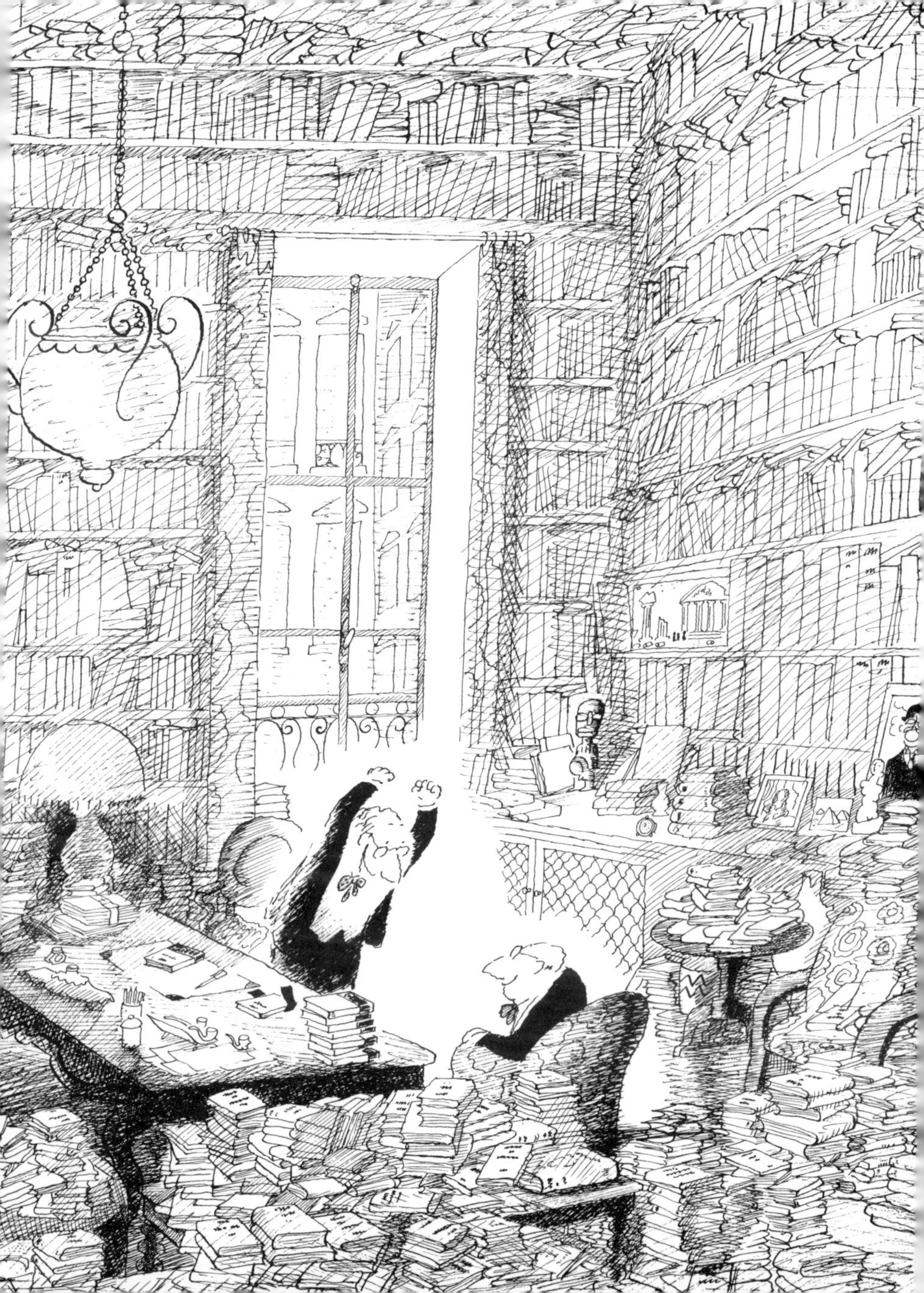

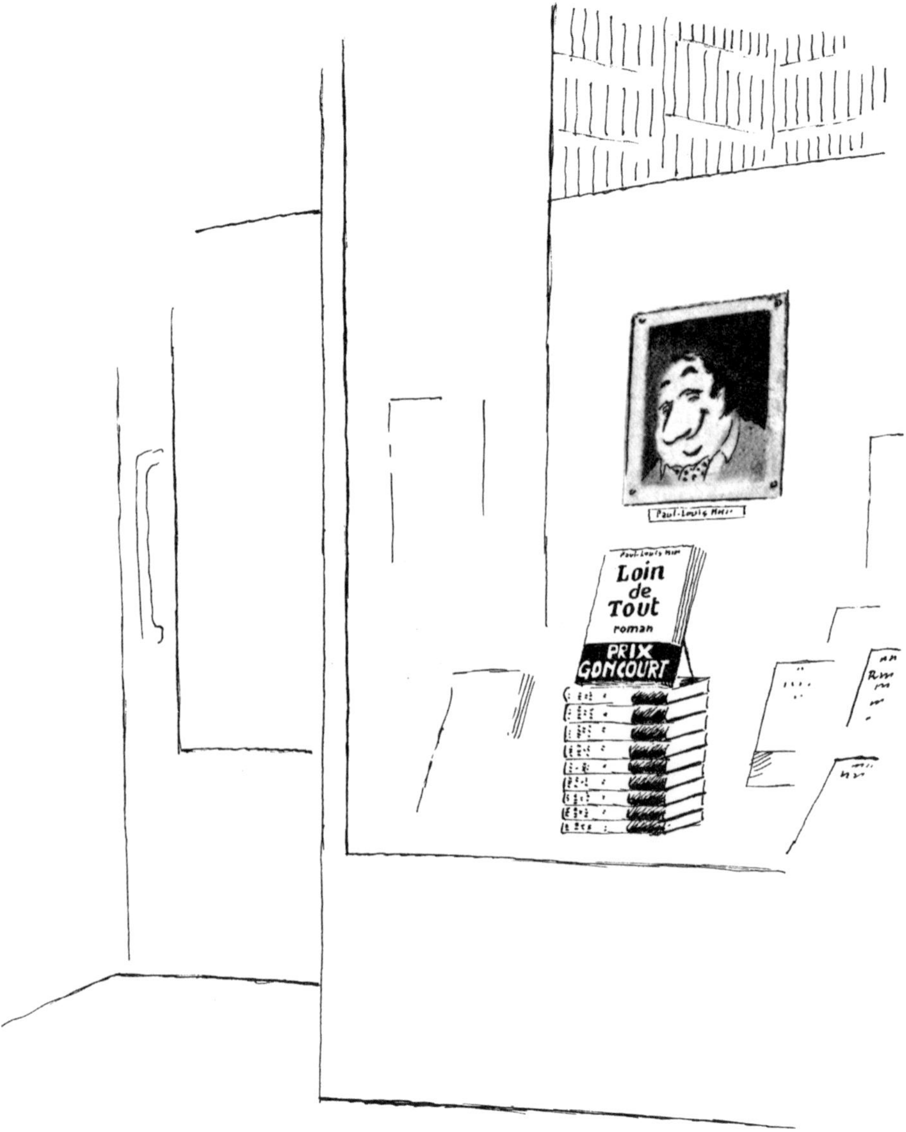
Loin
de
Tout
roman
PRIX
GONCOURT

Die Zeichnungen sind, mit freundlicher Genehmigung von Jean-Jacques Sempé, folgenden Werken entnommen: *Bonjour Bonsoir* (1976), *Kleine Abweichung* (1978), *So ein Zufall* (1982), *Der Morgenmensch* (1984), *Halb gewonnen* (1986), *Verwandte Seelen* (1993), *Unergründliche Geheimnisse* (1995), *Traumtänzer* (1999), *Schöne Aussichten* (2001), *Sempé's Paris* (2002), *Heiter bis wolkig* (2004), *Mit vorzüglicher Hochachtung* (2008), *Tag für Tag* (2009), *Sempé in New York* (2009), *Sempé's Kindheiten* (2012).

Sempé im Diogenes Verlag

»Der größte Zeichner unserer Zeit.«
Magazine littéraire, Paris

Saint-Tropez
Aus dem Französischen von Anna Cramer-Klett

Benjamin Kiesel
Deutsch von Anna Cramer-Klett
(vorm.: *Carlino Caramel*)
Auch als Diogenes Hörbuch erschienen, gelesen von Nikolaus Heidelbach

Das Geheimnis des Fahrradhändlers
Deutsch von Patrick Süskind

Monsieur Lambert
Deutsch von Anna Cramer-Klett

Schöne Aussichten
Deutsch von Anna Cramer-Klett

Sempé's Paris

Sempé's Musiker
Veränderte und stark erweiterte Neuausgabe

Sempé's Frankreich

Kinder, Kinder!

Mit vorzüglicher Hochachtung
Deutsch von Patrick Süskind

Tag für Tag
Sempé in deutschen Sammlungen. Mit einem Essay von Patrick Süskind und einem Nachwort von Brita Sachs

Für Katzenfreunde

Sempé in New York
Herausgegeben von Martine Gossieaux

Kindheiten
Ein Gespräch mit Marc Lecarpentier. Deutsch von Patrick Süskind

Sturmböen und Windstille
Deutsch von Patrick Süskind

Freundschaften
Ein Gespräch mit Marc Lecarpentier. Deutsch von Patrick Süskind

Außerdem erschienen:

Patrick Süskind
Die Geschichte von Herrn Sommer
Mit Bildern von Sempé
Auch als Diogenes Hörbuch erschienen, gelesen von Rufus Beck

Patrick Modiano & Jean-Jacques Sempé
Catherine, die kleine Tänzerin
Deutsch von Ingrid Altrichter
Auch als Diogenes Hörbuch erschienen, gelesen von Anna König

Gartenglück
Ein Lesebuch. Ausgewählt von Daniel Kampa. Mit Zeichnungen von Jean-Jacques Sempé

Sempé

Das Geheimnis des Fahrradhändlers

Aus dem Französischen von Patrick Süskind

Ein Fest für alle Fahrradfreunde!

Jean-Jacques Sempé präsentiert uns in seiner unnachahmlichen Weise die Geschichte eines Anti-Indurains: Paul Tamburins, des Fahrradhändlers aus dem französischen Städtchen Saint-Céron: eine Hommage ans Fahrrad, an die Liebe, die Freundschaft und an die französische Provinz, wie nur Sempé sie einzufangen vermag.
Nicht einfach ein weiteres Fahrradbuch oder ein weiterer Fahrradführer, sondern das zauberhafteste Fahrradbuch überhaupt...

Nun lebte freilich Paul Tamburin ganz und gar nicht im Einklang mit seinem Ruf. Ein Ungleichgewicht zwischen Sein und Schein brachte die innere Balance dieses äußerlich so gefestigten Menschen aus dem Lot. Die Last eines Geheimnisses ruhte auf seiner Seele und lastete um so schwerer, als niemand auch nur im Traum es je hätte erraten können ...

»Sehr charmant! Lustig und rührend ist diese Geschichte, sparsam koloriert und durch und durch liebenswert.«
Katrin Viertel / Die Woche, Hamburg

Der kleine Nick im Diogenes Verlag

Prima Geschichten vom kleinen Nick und seinen Freunden und allem, was in ihrer Welt wichtig ist: Schule, Fußball, auf Bäume klettern, Raufereien auf dem Schulhof, die Lehrer ärgern, Lesen (das ist eine Krankheit!) und selbst so was Schwieriges wie Mädchen. Geschrieben vom *Asterix*-Autor René Goscinny und hinreißend illustriert von Jean-Jacques Sempé. Sämtliche Titel wurden von Hans Georg Lenzen aus dem Französischen übersetzt.

Der kleine Nick

Der kleine Nick und seine Bande

Der kleine Nick und die Schule

Der kleine Nick und die Ferien

Der kleine Nick und die Mädchen

Neues vom kleinen Nick

Der kleine Nick ist wieder da!

Der kleine Nick und sein Luftballon

Der kleine Nick spielt Fußball

Der kleine Nick – Pop-up Buch

Parvus Nicolaus
Der kleine Nick auf Latein und Deutsch. Lateinisch von Nikolaus Groß, getreu der deutschen Übersetzung von Hans Georg Lenzen

Der kleine Nick macht Ferien
Sämtliche Urlaubsgeschichten in einem Band (auch als Taschenbuch lieferbar: *Der kleine Nick – Feriengeschichten*)

Weihnachten mit dem kleinen Nick
Sämtliche Weihnachtsgeschichten in einem Band

Kochen mit dem kleinen Nick
50 originelle Rezepte des kleinen Nick. Mit Auszügen aus den Geschichten des kleinen Nick

Der kleine Nick – Der große Spiel- und Bastelspaß
Mit 64 herausnehmbaren Seiten

Der kleine Nick – Der prima Ferienblock
Mit 127 herausnehmbaren, durchgehend farbig illustrierten Seiten

Die Geschichten aus *Neues vom kleinen Nick* auch als Taschenbücher:
Der kleine Nick auf dem Pausenhof
Der kleine Nick und seine Streiche
Der kleine Nick und die Nachbarn
Der kleine Nick auf Reisen
Der kleine Nick erlebt eine Überraschung